O Design da Escrita

Antônio Suárez Abreu

O Design da Escrita
Redigindo com Criatividade e Beleza
– Inclusive Ficção –

Copyright © 2008 Antônio Suárez Abreu

Direitos reservados e protegidos pela Lei 9.610 de 19 de fevereiro de 1998.
É proibida a reprodução total ou parcial sem autorização,
por escrito, da editora.

1ª ed. – 2008
2ª ed. – 2023

Dados Internacionais de Catalogação na Publicação (CIP)
(Câmara Brasileira do Livro, SP, Brasil)

Abreu, Antônio Suárez
O Design da Escrita: Redigindo com Creiatividade e Beleza, Inclusive Ficção / Antônio Suárez Abreu.
– 2. ed. – Cotia, SP: Ateliê Editorial, 2023.

Bibliografia
ISBN 978-65-5580-113-2

1. Criatividade (Literária, artística, etc.) 2. Escrita
3. Ficção – Autoria   4. Redação (Literatura)
5. Textos – Produção I. Título.

23-160674 　　　　　　　　　　　　　　　　　　　CDD-808.066

Índices para catálogo sistemático:
1. Textos: Produção: Redação   808.066

Aline Graziele Benitez – Bibliotecária – CRB-1/3129

Direitos reservados à
ATELIÊ EDITORIAL
Estrada da Aldeia de Carapicuíba, 897
06709-300 – Granja Viana – Cotia – SP
Tel.: (11) 4702-5915
www.atelie.com.br | facebook.com/atelieeditorial
blog.atelie.com.br | instagram.com/atelie_editorial
threads.net/@atelie_editorial

2023
Printed in Brazil
Foi feito depósito legal

Agradecimento

ao Dr. Wanderley Pires pela leitura crítica deste livro e pelas inúmeras sugestões que foram plenamente aproveitadas.

Sumário

Introdução: Conhecimento para Quê?............... 11

PRIMEIRA PARTE: O DESENHO DO TEXTO

1. Design – A Alma do Texto...................... 15
2. Mas... o Que É Mesmo um Texto?............... 21
3. Gêneros, Tipos Textuais e Domínios Discursivos.... 29
4. Referenciação Criativa......................... 35
5. Uso Criativo da Metonímia: Um Processo de Projeção.. 47
6. Vivendo Histórias e Fazendo Projeções........... 55
7. Comparações e Metáforas como Projeções......... 67
8. Projeções por Esquemas de Imagem............... 71
9. Aspectos Funcionais dos Processos de Projeção..... 81
10. O Som da Linguagem no Texto Escrito............ 87

SEGUNDA PARTE: ESCREVENDO FICÇÃO

1. Conselhos Iniciais............................. 93
2. Primeiros Passos: As Ideias 95
3. Passo Seguinte: Sinopse e Escolha do Gênero 101
4. Os Personagens............................... 103
5. Tempo e Espaço 111
6. O Conflito: Estrutura dos *Plots*................. 117
7. *Plots* Secundários ou *Subplots*.................. 127

8. Pontos de Vista Narrativos 133
9. Diálogos 139
10. Revisão 147

Epílogo: O que é um Escritor? 151

Referências Bibliográficas 155

Introdução

Conhecimento para Quê?

Este livro é resultado de uma pesquisa teórico-prática realizada na Unesp, aplicando princípios da chamada linguística cognitiva na análise e produção de textos criativos. Dei aulas sobre esse assunto aos meus alunos de graduação e pós-graduação. Mas, em todos os momentos em que mantinha contato com essas mentes jovens, interessadas, tocadas pela vontade de aprender, uma pergunta aparecia sempre à minha frente: para quê? Para que serve estudar tudo isso? Só para abrir um livro, um jornal, uma revista, ser capaz de apontar o uso de estratégias criativas e poder dizer: "– Ah viu só como o autor foi feliz?" ou "– Percebe como ele poderia ter feito melhor?" É muito pouco! Depois de ter escrito o *Curso de Redação* e ter visto o seu sucesso por mais de uma década, achei que deveria fazer mais pelos meus leitores: ajudá-los a redigir ainda melhor os seus textos, tornando-os mais criativos e mais belos.

Ao terminar um dos capítulos, lembrei-me também dos textos que recebo algumas vezes dos meus alunos na universidade: crônicas, contos, inclusive romances, e da importância de apontar uma construção inadequada e sugerir um novo caminho. Como havia ministrado, na USP e na Unesp, um curso de extensão intitulado *Como Escrever Ficção*, decidi, então, pôr em dia meus conhecimentos nessa área e escrever uma segunda parte do livro, procurando ajudar os meus leitores a escrever textos de ficção com mais desenvoltura e criatividade.

Acredito, firmemente, que esse livro cumprirá seu propósito porque seu conteúdo já foi testado com bastante sucesso. A leitura pode começar pela primeira parte ou pela segunda. É indiferente. Aproveitem bastante, escrevam sempre, compartilhem suas experiências, pois o conhecimento é como a água: deteriora-se quando deixa de fluir. E só faz sentido quando conseguimos realizar alguma coisa com ele!

Primeira Parte

———◆———

O Desenho do Texto

1

Design – A Alma do Texto

De modo geral, quando se fala em design, as pessoas entendem que se trata apenas de acrescentar um pouco de estética a alguma coisa que manteria sua funcionalidade, a despeito dela. A maioria das pessoas imagina que design é, simplesmente, o acabamento que se dá a um produto qualquer, em sua fase final de produção. Você acha que a HP concordaria com isso? Ou a Apple, fundada por Steve Jobs?

Hoje, o design é o foco. As montadoras de automóveis contratam designers como Giorgetto Giugiaro, Chris Bangle e Pininfarina, para dar uma identidade visual de grife aos seus carros. As fábricas de perfume gastam milhões, anualmente, no design de seus frascos. O design aplica-se hoje até mesmo à área de serviços. Numa concessionária de automóveis, numa clínica médica ou odontológica, o atendimento, a cordialidade, o bom humor compõem o design do negócio. Mas é claro que um bom design representa muito pouco, se não houver qualidade. Ninguém compraria um perfume ruim, mesmo que viesse embalado em um frasco de cristal assinado por Valentino.

Beleza é fundamental, como dizia Vinicius de Moraes, mas, em um texto, não se pode falar em beleza sem conteúdo. É preciso frisar, também, que, a exemplo do projeto de um edifício, design não é algo que se acrescenta a um texto pronto. É algo que SE CONSTRÓI com um texto.

Design é a arte de conciliar beleza e funcionalidade. A funcionalidade de um texto é medida não somente pelo seu conteúdo, mas também pela sua clareza e objetividade. Um texto funcional, de qualidade, deve ser cristalino. Infelizmente, há gente que acredita que a beleza deve ser procurada apenas nos textos literários e que os de outra natureza, principalmente os científicos, dispensam o design. Afinal, há quem diga que, num texto científico, a densidade e precisão acadêmicas são inimigas de recursos que o tornem mais claro, mais palatável aos "não iniciados". Nada mais inconsistente! Um bom texto, qualquer bom texto, seja um poema, uma receita de bolo ou um artigo acadêmico deve ser claro e belo, despertando admiração em quem o lê. Como diz Mário Quintana,

[...] se um autor faz você voltar atrás na leitura, seja de um período ou de uma frase, não o julgue profundo demais, não fique complexado: o inferior é ele. Ao ler alguém que consegue expressar-se com toda a limpidez, nem sentimos que estamos lendo um livro: é como se o estivéssemos pensando[1].

Veja, a título de exemplo, o seguinte trecho retirado de uma reportagem técnica da revista *Carro* que narra um teste comparativo entre os nove automóveis mais velozes do mundo:

O carro de série mais rápido do mundo é anunciado por meio de um arauto: um rugido infernal que ecoa ao longe. Só então os olhos

---

1. Mário Quintana, *A Vaca e o Hypogrifo*, p. 110.

conseguem visualizar a silhueta escura e baixa. É o Bugatti Veyron 16.4 que se aproxima, veloz como um raio. Finalmente é possível distinguir a grade dianteira em forma de ferradura e então... ele já passou!

O golpe de ar é tão violento que quase nos arranca os óculos do rosto. Os poucos – e felizardos – presentes à pista de Ehra-Lessien giram o pescoço na tentativa de acompanhar o bólido. A passagem do Veyron em velocidade máxima perturba a todos e, ao se afastar, o veículo deixa apenas um rastro abstrato de pura fascinação[2].

Logo no início do texto, o autor apresenta o carro mais rápido do mundo por meio do som do seu motor, a que chama, metaforicamente, de *arauto*[3]. É como se esse ruído antecedesse o automóvel, exaltando suas qualidades. Logo em seguida à sensação auditiva, aparece a visual. Em função da alta velocidade desenvolvida, vê-se apenas uma silhueta. O autor identifica o Bugatti e põe o olhar do leitor no "logo" da marca: a grade dianteira na forma de ferradura. A seguir, evoca outra sensação, desta vez táctil: o deslocamento de ar produzido pela velocidade ("O golpe de ar é tão violento que quase nos arranca os óculos do rosto"). No final, surge outra vez o recurso ao visual, também metafórico: "ao se afastar, o veículo deixa apenas um rastro abstrato de pura fascinação".

Como vemos, um texto que poderia ser apenas técnico e, portanto, mais contido, faz uso de sensações auditivas, visuais e tácteis, transportando o leitor para a pista de provas de Ehra-Lessien, onde o teste foi realizado. Isso se chama multimodalidade.

2. Revista *Carro*, jan. 2007, p. 69.
3. Como na Idade Média as pessoas do povo geralmente não sabiam ler, havia os *arautos*, oficiais reais que liam em voz alta, nas praças, proclamações solenes, anúncios de guerra ou de paz. Nos torneios, os arautos apresentavam os cavaleiros, enaltecendo a sua origem e seus feitos.

Criatividade

Temos o desconcertante costume de fazer sempre as mesmas coisas. Isso representava uma vantagem competitiva há milhares de anos, quando nossos ancestrais, ao estabelecerem uma determinada rotina, tinham chances maiores de sobreviver. Quando ingressamos no período histórico, com a invenção da escrita há 5 200 anos, as mudanças começaram a ganhar maior velocidade. Durante o século XX, a vida das pessoas sofreu mudanças muito maiores do que em toda a história da humanidade. Iniciamos o século passado ainda movidos por tração animal e o terminamos voando em aeronaves a jato para os locais mais distantes do planeta e assistindo ao pouso de naves-robôs em Marte. Neste século que se inicia, as mudanças serão, no mínimo, cem vezes mais rápidas. Participar ativamente desse processo de mudanças exige aprendizagem contínua e uma enorme dose de criatividade. No início do século XX, nos Estados Unidos, apenas 10% dos americanos exerciam atividades criativas. Hoje em dia, 70% desenvolvem funções que demandam criatividade.

Todos nós somos potencialmente criativos, mas a interação com o meio ambiente é essencial. Nossas escolas, entretanto, primam por não oferecer condições para isso. Temos, então, de procurar nossos próprios caminhos. O primeiro deles é desaprender as coisas velhas que não servem mais, mas que continuam a pautar nossas ações diárias. Michael Hammer, em um artigo na *Harvard Business Review*, conta que gastamos as três primeiras décadas após a invenção do computador, apenas automatizando procedimentos do passado. "Pavimentando a trilha das vacas", diz ele.

Conta-se que um jovem discípulo de uma religião oriental, cuja crença se baseava na existência de várias vidas, dirigiu-se a seu velho mestre, já bastante idoso e perguntou-lhe:

– Mestre, o que o senhor vai querer ser em sua próxima vida?
Depois de certo tempo de silêncio, o guru respondeu:
– Um burro, meu filho.
– Mas um burro, mestre? Como? Não consigo entender!
– Sim, um burro, meu filho, para poder desaprender muitas coisas que aprendi nesta vida e que não me servem mais. Depois, em uma outra vida, serei alguém com a mente apta a aprender novas coisas.

Talvez o mais difícil de desaprender sejam os preconceitos. Acreditamos, por exemplo, que uma escola deva ser um local vigiado, onde, em intervalos regulares, uma turma de alunos fique confinada em um ambiente, ouvindo a preleção de um professor que fala sobre o que ouviu de outros professores ou leu em livros. Será que isso ainda funciona?

Depois de desaprender coisas velhas e vencer preconceitos, uma boa ideia é desafiar o último mito, o da especialização. Precisamos aprender a "olhar para os lados". Procurar leituras diversificadas, de outras áreas diferentes da nossa, investindo na interdisciplinaridade. Fazendo isso, estaremos "pegando carona" em mentes altamente criativas, estimulando e vitalizando a nossa própria criatividade. Isso se chama *lateral think*.

Mas, o que é criatividade? Os estudiosos da área costumam dizer que ser criativo é ver o que todo mundo vê e pensar diferente. Trata-se da habilidade de ver alguma coisa de outro ponto de vista, diferente daquilo que nos diz o senso comum. Foi assim que Henry Ford criou a linha de montagem, no início do século passado, e conseguiu que os empregados comprassem seus próprios automóveis. Foi assim que Rich Teerlink, presidente da Harley-Davidson, reposicionou sua fábrica de motocicletas, ganhando milhões de dólares, ao decretar que a Harley não era mais uma empresa que fabricava veículos apenas. Era uma empresa que fabricava e vendia um estilo de vida!

Mas, como pensar criativamente quando se trata de escrever um texto? Como conseguir torná-lo belo e funcional? Bem, isso é assunto para os próximos capítulos.

2

Mas... o Que É Mesmo um Texto?

Abro um jornal, percorro suas páginas e leio uma frase do depoimento de uma jovem modelo: "– Perdi minha barriga em quinze dias!" Mais adiante, vejo a declaração de um passageiro em um aeroporto: "– Acabo de perder meu avião!" Logo em seguida, leio uma frase no caderno "Cotidiano": "– Perdi todos meus documentos, quando levaram a minha pasta!"

Fico imaginando, agora, que, se alguém perde os documentos, é porque era dono deles e tê-los perdido foi um acontecimento involuntário e muito desagradável. Por outro lado, o passageiro que "perdeu seu avião", na realidade não era dono dele; apenas não conseguiu viajar no horário que tinha programado. E a modelo que "perdeu a barriga" na verdade simplesmente reduziu o volume do abdome e ficou feliz por isso.

Continuo folheando as páginas do jornal, e meus olhos detêm-se no título de uma matéria relativa ao Carnaval: Revelações ameaçam destaques das escolas de samba no Rio.

Bem, eu sei que *destaques* é o nome dado pela imprensa às celebridades que desfilam nessas escolas. Fico imaginando, então, quais seriam as revelações que as ameaçam.

Seria a divulgação de algum escândalo amoroso, de alguma falcatrua? Lendo a matéria com interesse, descubro que *revelações* é o nome que a imprensa dá a belas moças que estão começando a se destacar na mídia. Aí, então, tudo fica claro! O que o título da matéria pretende dizer é que essas garotas, pela sua beleza e juventude, concorrem com as atrizes e modelos famosas, que têm a tradição de desfilar nas escolas, mas que já estão começando a perder o seu brilho.

Depois dessas reflexões, fico a imaginar que os pequenos textos que li, na verdade, diziam uma pequena parcela daquilo que pude entender. Começo a perceber que mais da metade da comunicação aconteceu dentro da minha cabeça, no momento em que os estava lendo. Os textos funcionaram apenas como indutores do meu pensamento. Com o meu conhecimento de mundo, eu é que tinha atribuído sentido a eles. No texto sobre o Carnaval, a manchete era ambígua. Para conseguir compreendê-la, precisei ler toda a matéria.

Um texto, portanto, não é alguma coisa que venha pronta, com sentido completo, como diz a tradição. É apenas UMA PROPOSTA DE CONSTRUÇÃO DE SENTIDOS. Somos nós, leitores, que, vasculhando nossa memória, buscamos dentro do nosso conhecimento de mundo informações adicionais que possam complementar aquilo que lemos. Sem isso, não há entendimento possível. O escritor e filósofo Eduardo Giannetti, agora membro da Academia Brasileira de Letras, expressa essa ideia de maneira brilhante em seu livro *Autoengano*:

> Ler é recriar. A palavra final não é dada por quem a escreve, mas por quem a lê. O diálogo interno do autor é a semente que frutifica (ou definha) no diálogo interno do leitor. A aposta é recíproca, o resultado imprevisível. Entendimento absoluto não há. Um mal-entendido – o

folhear aleatório e absorto de um texto que acidentalmente nos cai nas mãos – pode ser o início de algo mais criativo e valioso do que uma leitura reta, porém burocrática e maquinal.

"Autores são atores, livros são teatros." A verdadeira trama é a que transcorre na mente do leitor-interlocutor[1].

Rubem Alves fala-nos de uma sintonia mais fina entre quem escreve e quem lê:

> Por que se gosta de um autor? Gosta-se de um autor quando, ao lê-lo, tem-se a experiência de comunhão. Arte é isso: comunicar aos outros nossa identidade íntima com eles. Ao lê-lo eu me leio, melhor me entendo. Somos do mesmo sangue, companheiros no mesmo mundo. Não importa que o autor já tenha morrido há séculos...[2]

Quem não tem o conhecimento prévio necessário para atribuir sentido aos textos que lê é rotulado com uma expressão pejorativa: *analfabeto funcional*. Há alguns anos, o jornalista Gilberto Dimenstein relatou uma experiência: em uma famosa avenida de São Paulo, mostrou aos transeuntes um pequeno pedaço de papel com a seguinte inscrição: "11% DO IR". A maior parte das pessoas lia o texto da seguinte maneira:

– Bem, está escrito o número 11, depois um traço meio deitado para a direita, com duas bolinhas, uma em cima à esquerda e outra em baixo à direita. Depois está escrito "I ERRE".

Essas pessoas não conheciam o símbolo de porcentagem, nem a sigla do Imposto de Renda. Ou seja, embora "alfabetizados", eram *analfabetos funcionais.*

---

1. Eduardo Giannetti, *Autoengano*, p. 13.
2. Rubem Alves, "Quarto de Badulaques LXXXIV", *Correio Popular*, 1º jun. 2006, Caderno C, p. 2.

Muitas vezes, sobretudo quando lemos algum texto que traz referências a alguma coisa antiga, perdemos muitos dos sentidos induzidos pelo autor no momento em que escrevia, simplesmente porque não temos repertório para isso. Vejamos o seguinte trecho de uma coluna do professor Pasquale Cipro Neto publicada no jornal *Folha de S.Paulo*:

> O que não se pode aceitar é o uso desnecessário e, sobretudo, exibicionista de termos estrangeiros. Em alguns casos, a coisa beira o ridículo. Quer um bom exemplo? O tal do "Duas Rodas Féstival" (pus o acento porque, no comercial da TV, a palavra é lida como proparoxítona, à inglesa). É o próprio samba do crioulo doido: dois termos são portugueses; a estrutura da frase e a outra palavra são inglesas. Haja![3]

Para entender o que Cipro Neto sugeriu com *samba do crioulo doido*, é preciso poder saber que se trata de uma composição de autoria de Sérgio Porto, famoso cronista carioca dos anos de 1960 que usava o pseudônimo de Stanislaw Ponte Preta, cuja letra satirizava o "poder inventivo" dos compositores cariocas de baixa escolaridade que, ao escrever os sambas-enredos das suas escolas de samba, misturavam, equivocadamente, épocas e personagens. Eis aqui a letra do *Samba do Crioulo Doido*:

> Foi em Diamantina / Onde nasceu JK
> Que a princesa Leopoldina / Arresolveu se casá.
> Mas Chica da Silva / Tinha outros pretendentes.
> E obrigou a princesa / A se casar com Tiradentes.
> Lá iá lá iá lá ia / O bode que deu vou te contar.
> Lá iá lá iá lá iá / O bode que deu vou te contar.

---

3. Pasquale Cipro Neto, *Folha de S.Paulo*, 18 nov. 2004.

Joaquim José / Que também é
Da Silva Xavier / Queria ser dono do mundo
E se elegeu Pedro II.
Das estradas de Minas / Seguiu pra São Paulo
E falou com Anchieta. / O vigário dos índios
Aliou-se a Dom Pedro / E acabou com a falseta.
Da união deles dois / Ficou resolvida a questão
E foi proclamada a escravidão. / E foi proclamada a escravidão.
Assim se conta essa história / Que é dos dois a maior glória.
Dna. Leopoldina virou trem / E D. Pedro é uma estação também.
O, ô , ô, ô, ô, ô / O trem tá atrasado ou já passou.
O, ô , ô, ô, ô, ô / O trem tá atrasado ou já passou[4].

Bem, retorno ao meu jornal plenamente convencido de que um texto é mesmo apenas UMA PROPOSTA DE CONSTRUÇÃO DE SENTIDOS. São os leitores que atribuem sentidos aos textos que leem, por meio do conhecimento prévio de mundo que cada um deles possui. Ao folheá-lo, novamente, vejo a propaganda do lançamento de um novo modelo de automóvel e leio um editorial que fala da importância da diversidade de opiniões em um sistema democrático. A propaganda tem a intenção de vender-me um automóvel e o editorial tem a intenção de convencer-me sobre a necessidade de pluralidade das ideias em uma democracia. Percebo, também, que, por trás de um texto, existe sempre a intenção de alguém.

Se, ao conversar com um vizinho, troco ideias sobre o tempo, minha intenção não é, necessariamente, compartilhar informações meteorológicas. Posso estar tentando apenas manter uma relação cordial com ele. Se um rapaz pergunta a uma garota o que ela pretende fazer à noite, sua intenção, geralmente, é convidá-la a sair.

---

4. Em: http://www.paixaoeromance.com.

Lendo *A Montanha Mágica*, o grande romance de Thomas Mann, chego a uma passagem à primeira vista bastante estranha. Trata-se de um discurso acompanhado de grandes gestos, feito à mesa de jantar, por um personagem de nome Mynherr Peeperkorn, um novo hóspede do sanatório de Behrens em Davos, Suíça, palco da narrativa de Mann.

– Senhoras e senhores. Muito bem. Tudo vai bem. Queria, no entanto, observar e não perder de vista em nenhum momento, que... Nada mais sobre este ponto... O que me cumpre declarar é que... Nada mais sobre este ponto... O que me cumpre declarar não é aquilo, mas principal e exclusivamente o seguinte: temos o dever... É de uma forma inelutável... Repito e faço questão de usar essa expressão: é de uma forma inelutável que se reivindica de nós... Não, senhoras e senhores, não! Esse não é o sentido... Não me interpretem como se eu... Que erro grave não seria pensar que... Basta, senhoras e senhores! Basta amplamente! Sei que estamos de acordo sobre todas essas questões, e por isso entremos no assunto![5]

Percebo, então, que Pepperkorn não disse absolutamente nada! Dentro do contexto do romance, fica claro que a *intenção* do autor foi a de caracterizar Pepperkorn como um perfeito idiota. Mais à frente, um comentário jocoso do narrador confirma essa primeira impressão: "Seria interessante saber qual teria sido a reação de um surdo".

Depois de reflexões como essa, sou forçado a admitir também que UM TEXTO É SEMPRE O PRODUTO DE UMA INTENÇÃO.

Além disso, é fácil perceber que, em termos de interação textual, um editorial de jornal representa um canal diferente de uma propaganda e uma propaganda, outro bem diferente de uma conversa informal com amigos, e assim por

---

5. Thomas Mann, *A Montanha Mágica*, p. 754.

diante. Um texto é sempre produzido em uma situação particular de interação social, seja um editorial, uma propaganda, um telefonema, uma dissertação escolar ou até mesmo um romance como *A Montanha Mágica*. Se chamarmos essas situações de interação textual de *gêneros*, veremos que UM TEXTO EXISTE SEMPRE DENTRO DE UM DETERMINADO GÊNERO.

Finalmente, podemos dizer que um texto:

a) é uma proposta de construção de sentidos;
b) é o produto de uma intenção;
c) existe, sempre, dentro de um gênero.

3

Gêneros, Tipos Textuais e Domínios Discursivos

Existem tantos gêneros quantos forem as situações de interação social, o que significa dizer que há infinitos gêneros. Telefonemas, cartas comerciais, bulas de remédio, romances, poemas são alguns exemplos. Há gêneros que já desapareceram, como o telex, outros que estão desaparecendo, como o telegrama, e outros que surgiram recentemente, como o WhatsApp, o Twitter e o Instagram.

Há gêneros que fazem uso da oralidade, como um telefonema, um discurso político ou uma apresentação oral. Há outros que fazem uso da escrita, como uma decisão judicial ou uma tese de doutorado. Há também aqueles que fazem uso de ambos os canais. Sabemos, por exemplo, que a maioria dos noticiários de televisão, embora seja falada, é lida em *teleprompters*. Por esse motivo é que não faz muito sentido, hoje em dia, fazer distinção rígida entre comunicação oral e escrita. Aliás, as diferenças que tradicionalmente são ditas existirem entre fala e escrita são bem menores do que se pensa.

Cada gênero tem suas próprias regras e convenções. Num e-mail, temos de preencher o campo de assunto; em um telefonema, mesmo quando estando apenas ouvindo, temos de enviar, frequentemente, sinais vocais como *ahã, hã, é* etc., para sinalizar ao nosso interlocutor que estamos atentos do outro lado da linha.

Já os TIPOS TEXTUAIS são classificados em apenas quatro: narração, argumentação, descrição e injunção. Na narração, contamos um evento, na argumentação, defendemos uma ideia. Na descrição, tentamos passar ao nosso interlocutor um cenário, uma paisagem, um personagem. Numa injunção, damos uma ordem, fazemos um pedido, estabelecemos condições. Uma oração religiosa, um aviso proibindo pisar na grama, assim como a sentença proferida por um juiz são injunções.

Dentro de um gênero, podemos utilizar diversos tipos textuais. Se, dentro do gênero telefonema, eu converso com um amigo contando uma aventura, tenho uma narração. Se descrevo um lugar ou uma pessoa, tenho uma descrição. Se defendo uma ideia, tenho uma argumentação e, quando, ao despedir-me, desejo-lhe uma boa semana, tenho uma injunção. Vejamos a pequena carta, a seguir, escrita por Machado de Assis a Joaquim Nabuco, por ocasião da morte da mãe deste último:

> Meu caro Nabuco. Receba os meus pêsames pela perda de sua querida e veneranda mãe. A filosofia acha razões de conformidade para estes lances da vida, mas a natureza há de sempre protestar contra a dura necessidade de perder tão caros entes. Felizmente, a digna finada viveu o tempo preciso para ver a glória do filho, depois da glória do esposo. Retirou-se deste mundo farta de dias e de consolações. Minha mulher reúne os seus aos meus pêsames. O velho amigo, Machado de Assis (Rio de Janeiro, 5 de out. 1902)[1].

1. Joaquim Maria Machado de Assis em: "Epistolário", *Obra Completa,* p. 1061.

A carta tem início com uma injunção: o voto de pêsames. Logo em seguida, aparece o tipo textual argumentação, quando Machado contrapõe a Filosofia à natureza. Depois, vem uma pequena narração, quando ele fala do percurso de vida da falecida, assistindo à glória de Joaquim Nabuco e de seu pai. Finalmente, o texto termina com outra injunção: os pêsames da esposa acrescentados aos do autor.

Na redação classificada em primeiro lugar em 2006, num concurso patrocinado pela EPTV, cujo tema foi *A Doação de Órgãos*, o efeito criativo estava justamente na utilização da injunção, um tipo textual diferente da argumentação, que seria o tipo esperado em um texto como esse. Vejamos o primeiro parágrafo desse texto:

> A morte só tem importância na medida em que nos faz pensar na vida. Por isso, quando eu me for, não me deixe ir totalmente. Tire da minha morte a esperança da vida. Doe meus órgãos, assim eu não morrerei de verdade, mas me perpetuarei como parte das vidas que poderei salvar[2].

Chamamos de DOMÍNIOS DISCURSIVOS instâncias socioculturais que congregam gêneros que podem estar próximos ou terem naturezas extremamente diferentes. O discurso jurídico congrega gêneros próximos como petição, sentença, acórdão. Já o discurso jornalístico inclui gêneros tão diferentes como reportagens, editoriais, anúncios classificados, horóscopo etc.

---

2. Bruna Henrique Albuquerque, aluna da 8ª série da E. E. Antônio Militão de Lima, em São Carlos, SP.

O Texto Escrito

O homem com a capacidade da fala articulada surgiu sobre a face da Terra entre 40 000 e 80 000 anos de acordo com MacGilchrist[3], mas, como vimos, só aprendeu a escrever por volta de 3 200 anos antes de Cristo. Isso aconteceu na Suméria, na região onde hoje fica o Iraque, e foi fundamental para o início das civilizações. Tanto é verdade que a invenção da escrita configura a fronteira entre a Pré-História e a História. As grandes obras arquitetônicas, a literatura escrita, a Filosofia somente puderam existir, quando alguém, lançando mão de uma espátula ou de uma pena, conseguiu fazer cálculos, desenhos e depositar seus pensamentos e emoções sobre um suporte físico qualquer, fosse uma tábua de argila, um papiro ou um pergaminho.

Graças à escrita, você pode fazer sua mente viajar na leitura dos jornais do dia ou das notícias da Internet, informando-se sobre o que está acontecendo no seu país ou no resto do mundo. Lendo livros, você descobrirá que a escrita é também uma espécie de "máquina do tempo" que pode levá-lo a um passado muito distante. Imagine que você, lendo um livro escrito há muito tempo, se depara com o seguinte trecho:

> Tal como um fogo destruidor abrasa uma floresta imensa, nos cumes de uma montanha e de longe se vê o seu clarão, assim, o bronze maravilhoso dos guerreiros em marcha lançava o seu brilho resplandecente, através do éter, até ao céu[4].

---

3. Iain MacGilchrist, *The Master and his Emissary: the Divided Brain and the Making of the Western World,* new expanded edition, 2019, p. 101.
4. Homero, *Ilíada*, p. 36.

Pense um pouco comigo: essa imagem do exército grego em marcha para lutar contra os troianos faz parte de um poema chamado *Ilíada*, produzido nove séculos antes da era cristã. A escrita, como "máquina do tempo", levou você três mil anos atrás e o fez contemplar o brilho das armaduras dos heróis conduzidos à guerra sob a proteção da deusa Atena.

4
Referenciação Criativa

Introduzindo uma Referência

Quando produzimos um texto sobre algum assunto, colocamos nele referências sobre o mundo real ou sobre mundos possíveis, mas, embora seja óbvio, é preciso sempre ter consciência de que essas referências, materializadas pelas palavras, não são as próprias coisas, mas a maneira como as vemos e as transportamos para os nossos textos. Se, falando sobre o mundo real, eu digo que "um *automóvel* passou em alta velocidade", a palavra *automóvel* não é o objeto físico *automóvel*, mas apenas uma representação linguística que eu escolhi. Minha escolha poderia ter sido outra, como "um *carro* passou em alta velocidade". Se, falando de outros mundos possíveis, existentes apenas na nossa imaginação, eu digo que Harry Potter lutou contra um *dragão*, a palavra *dragão* é apenas uma referência, uma representação linguística desse ser imaginário, que poderia ser nomeado, por exemplo, como "um animal mitológico alado que lança fogo pelas ventas". As referências que pomos em um texto, portanto, não se confundem com o que existe no mundo real ou em mundos possíveis; são apenas reconstruções dos seres desses mundos no plano da linguagem.

Quando criamos pela primeira vez uma referência em um texto, dizemos que pomos nele uma *referência inicial*, ou *referência zero*. Para criá-la, temos de procurar construir uma imagem aproximada do público-alvo que queremos atingir. Qual é a idade dele? Qual sua formação acadêmica e cultural? Quais são suas crenças? Qual é o domínio que ele tem do assunto que vamos desenvolver em nosso texto?

Se você estiver escrevendo um texto sobre ecologia para adolescentes de treze anos, é contraproducente iniciá-lo, dizendo, por exemplo, que "uma mudança num ecossistema pode ocasionar sérios problemas". Afinal, é bem provável que seu leitor não saiba o que é um ecossistema. Essa referência tem de ser trabalhada adequadamente para ser introduzida pela primeira vez no seu texto. Seria melhor começar dizendo: "Em um ambiente em que convivem seres vivos que se relacionam entre si e com o meio em que vivem, uma mudança pode ocasionar sérios problemas". Mais à frente, você poderá referir-se a esse ambiente chamando-o de *ecossistema*, mas a introdução desse conceito, pela primeira vez, deve respeitar o conhecimento prévio de quem vai ler o texto. Resumindo: NA INTRODUÇÃO DE UMA REFERÊNCIA EM UM TEXTO, DEVE-SE CONSIDERAR O NÍVEL DE CONHECIMENTO DE QUEM VAI LER.

Construindo uma Referência

Depois de introduzir uma referência pela primeira vez em um texto, você terá, com certeza, necessidade de retomá-la mais adiante. A maneira de fazer isso se chama *coesão textual*, que pode ser definida como UM PROCESSO PELO QUAL, EM

UMA FRASE B, CONSEGUIMOS RECUPERAR UMA REFERÊNCIA ANTERIOR, PRESENTE EM UMA FRASE A. Vejamos o seguinte texto:

> Santos Dumont viajou para a França aos dezenove anos. Lá, ele inventou o dirigível e o avião.

Na segunda frase (frase B), o advérbio *lá* recupera a referência *França* da primeira frase (frase A). O mesmo acontece com o pronome *ele*, que, na segunda frase, que recupera a referência *Santos Dumont*. Imaginemos uma outra sequência como:

> Pedimos uma cerveja. Uma cerveja não veio gelada.

Diante dela, achamos algo estranho. Embora cada uma das frases que a compõem esteja gramaticalmente correta, as duas juntas não formam um todo. Não sabemos se a cerveja da segunda frase tem a mesma referência da primeira. Falta a coesão textual. Trocando o artigo indefinido *uma* pelo definido *a*, teremos:

> Pedimos uma cerveja. A cerveja não veio gelada.

Agora, sim, as duas frases formam um todo que podemos chamar de texto.
Voltando ao primeiro trecho, o da viagem de Santos Dumont, poderíamos dar a ele outras redações. Vejamos uma primeira alternativa:

> Santos Dumont viajou para a França aos dezenove anos. Lá, inventou o dirigível e o avião.

Lendo a segunda frase, ligamos imediatamente o advérbio *lá* ao termo *França*, mas não temos nenhuma palavra para recuperar *Santos Dumont*. Examinando, contudo, a frase com mais atenção, concluímos que é possível relacionar o agente do verbo *inventar* (*inventou*) a *Santos Dumont*, ou seja: existe uma "posição vazia" antes de *inventou* que recupera o termo *Santos Dumont*. As gramáticas do português costumam chamar isso de *sujeito oculto* ou *elíptico*. Pois é: agora você fica sabendo que o famoso sujeito oculto não passa de uma estratégia para costurar uma frase na outra, promovendo a coesão textual por meio da recuperação de uma referência feita anteriormente.

Uma outra alternativa de redação poderia ser:

> Santos Dumont viajou para a França aos dezenove anos. Lá, esse brasileiro inventou o dirigível e o avião.

Agora, temos o termo *esse brasileiro* que recupera *Santos Dumont*. Trata-se de uma outra estratégia de coesão textual, em que utilizamos um sinônimo do termo da oração anterior.

O mecanismo de coesão que faz uso de pronomes, artigos definidos e advérbios de lugar para realizar a coesão textual tem o nome de COESÃO POR REFERÊNCIA. O que faz uso de elipses (sujeito oculto, por exemplo) tem o nome de COESÃO POR ELIPSE. O que faz uso de sinônimos, o nome de COESÃO LÉXICA ou LEXICAL.

A coesão léxica é um dos mais importantes mecanismos de coesão textual. No exemplo anterior, o sinônimo que foi empregado para recuperar *Santos Dumont* foi *brasileiro*. Trata-se de um sinônimo bastante genérico que recebe o nome de *hiperônimo*. Vejamos, para maior clareza, uma lista com alguns hiperônimos:

substantivo	*hiperônimo*
mesa	móvel
termômetro	instrumento ou aparelho
garfo	talher
sapato	calçado
São Paulo	cidade

As pessoas que não dominam a arte da escrita costumam utilizar palavras como *mesmo* ou *referido* para construir a coesão de seus textos, com resultado sofrível. Compare os dois textos a seguir e sinta a diferença, para melhor, no segundo texto, com o uso de um hiperônimo.

Muita gente que frequenta restaurantes chineses prefere usar garfos e facas. Há quem recuse *os mesmos,* preferindo improvisar com os tradicionais palitos.

Muita gente que frequenta restaurantes chineses prefere usar garfos e facas. Há quem recuse *esses talheres,* preferindo improvisar com os tradicionais palitos.

O hiperônimo pode ser ampliado, por motivo de clareza, como em:

Santos Dumont suicidou-se no Guarujá, em plena revolução de 32. Há quem afirme que *o brasileiro inventor do 14-bis* tenha posto fim a sua vida pelo desgosto de ver os aviões que criou sendo usados em missões de bombardeio.

A coesão léxica, por meio do uso de hiperônimos simples ou estendidos, que podemos chamar de FORMAS NOMI-

NAIS REFERENCIAIS, é, em grande parte, responsável pela clareza de um texto.

Às vezes, uma forma nominal referencial pode recuperar não um termo da oração anterior, mas uma frase inteira. Vejamos o seguinte exemplo:

> Hoje já nos acostumamos a viver conectados com o trabalho, a família e os amigos pela Internet. Uma *sintonia* que se torna mais produtiva e prazerosa quando não depende de um infernal emaranhado de fios[1].

Nesse texto, a palavra *sintonia*, na segunda frase, retoma não um termo da anterior, mas todo o seu conteúdo, o fato de vivermos conectados com o trabalho, a família e a Internet. Nesse caso, a forma nominal referencial é, quase sempre, um substantivo abstrato. Outros exemplos:

> A associação de jogadores chegou a entrar com um processo contra a liga, alegando más condições de trabalho. Foi o sinal de alerta para que David Stern, principal dirigente da NBA, decidisse dar o braço a torcer e aceitar a volta da velha bola, algo sem precedentes na história do campeonato. A *decisão* entrou em vigor anteontem, no jogo entre Charlotte e Minnesota, time de Kevin Garnett, um dos maiores críticos da bola sintética. "Aleluia para a bola de couro!"[2]

Aqui, a palavra *decisão* retoma o fato de o dirigente da NBA trazer de volta a bola de couro às quadras de basquete.

No caso das pragas, os agricultores usam como defensivo a planta cravo de defunto para impedir que o pulgão do algodoeiro possa

---

1. Revista *Época*, edição especial, dez. 2006, p. 16.
2. *Folha de S.Paulo*, 3 jan. 2007.

"contaminar a plantação", explica Guimarães. Esse tipo de *conduta*, na verdade, já é amplamente disseminada pelo Brasil, inclusive para a preservação de pequenos jardins[3].

Nesse outro texto, a palavra *conduta* retoma o fato de os agricultores usarem o cravo de defunto como defensivo agrícola.

Construindo a Referenciação em Busca de Clareza

Uma primeira função das formas nominais utilizadas para a construção da referência é a clareza. Começa aqui o primeiro passo para a redação de um texto ao mesmo tempo claro e criativo. Compare, por exemplo, as duas versões, a seguir, de um mesmo texto:

1ª versão

Em outubro passado, quando lançou ao vento seu pacotão de sugestões para melhorar a Fórmula 1 e reduzir seus custos, Max Mosley quase foi detido numa camisa de força. Houve quem achasse que *ele* tinha pirado de vez. Entre outras coisas, *ele* propunha a troca de pilotos para dar mais emoção às corridas.

2ª versão

Em outubro passado, quando lançou ao vento seu pacotão de sugestões para melhorar a Fórmula 1 e reduzir seus custos, Max Mosley quase foi detido numa camisa de força. Houve quem achasse *que o presidente da* FIA *(Federação Internacional de Automobilismo)* tinha pirado de vez. Entre outras coisas, *o advogado inglês* propunha a troca de pilotos para dar mais emoção às corridas[4].

---

3. *Folha de S.Paulo*, 10 dez. 2006.
4. Revista *Quatro Rodas*, mar. 2003, p. 100.

Na segunda versão, publicada na revista *Quatro Rodas*, o leitor fica sabendo que Max Mosley era presidente da Federação Internacional de Automobilismo, que era inglês e que era advogado. Isso torna o texto muito mais claro para o leitor e também mais criativo.

Existem algumas maneiras de fazer isso. Uma delas é o uso das *anáforas*[5] *definicionais*, em que o termo utilizado para a coesão léxica é uma definição da referência inicial, como no texto a seguir:

> Este ano, no Brasil, *o H5N1* poderá ser diagnosticado num prazo de três horas. O investimento para o diagnóstico d*o vírus da gripe aviária* implicará um investimento de R$ 39 milhões e o treinamento de 1 700 técnicos[6].

Como vemos, a forma nominal *o vírus da gripe aviária*, que retoma *H5N1*, é uma definição de H5N1.

Outra maneira de fazer isso é utilizar metáforas[7] como *anáforas didáticas*, como no texto a seguir:

> *O dicionário da vida – o famoso código genético* – pode até parecer complexo, mas é muito pobre. Na prática, *a receita* para a construção de qualquer organismo exige *apenas vinte palavras*. Mas, como toda linguagem, ele também pode crescer, com uma mãozinha do ser humano: um grupo de cientistas dos EUA acaba de criar cinco *neologismos genéticos* para uma coleção de fungos num laboratório da Califórnia[8].

---

5. *Anáfora* vem do grego: *ana-* "para trás", "de trás" + *phorá* "ação de levar, transportar". Significa transportar a referência de uma frase anterior para a frase seguinte.
6. Revista *Pesquisa Fapesp*, abr. 2006, p. 122, adaptado.
7. No próximo capítulo, falarei um pouco mais amplamente sobre a metáfora.
8. Graziela Zamponi, "Estratégias de Construção da Referência no Gênero de Popularização da Ciência", *Referenciação e Discurso*, p. 180.

Referenciação como Avaliação

Muitas vezes, quem fala ou escreve utiliza a coesão léxica para fazer uma apreciação – positiva ou negativa – sobre alguém ou alguma coisa, como no texto a seguir, em que o autor procura dar destaque ao arquiteto brasileiro Oscar Niemeyer:

> Niemeyer está de volta ao Olimpo da arquitetura. [...] Quando decidiu convidar *essa lenda viva da arquitetura* para projetar um pavilhão pequeno e temporário, Julia Peyton-Jones, a diretora da Serpentine, pediu ajuda a Zaha Hadid. A arquiteta iraquiana conhece Niemeyer pessoalmente e escreveu uma carta de apresentação[9].

A expressão *lenda viva da arquitetura* utilizada para retomar *Niemeyer* tem o claro objetivo de exaltar sua figura. Já o uso do hiperônimo *arquiteta iraquiana*, para retomar *Zaha Hadid*, tem apenas o objetivo de dar maior clareza ao texto. Um exemplo do emprego da coesão léxica para apreciação negativa pode ser visto no seguinte trecho:

> O Brasil vai deixar de ter população rural em 2030, se continuarem sendo usados os critérios atuais para definir o grau de urbanização do país. *Esse absurdo, teórico e prático*, foi apontado ontem pelo pesquisador da USP, José Eli da Veiga, em palestra realizada na 54ª Reunião Anual da SBPC[10].

A expressão "absurdo, teórico e prático" cumpre o papel de desqualificar os atuais critérios para definir o grau de urbanização do país.

---

9. Revista *Veja*, 18 jun. 2003, p. 92.
10. *Folha de S.Paulo*, 10 jul. 2002.

Uma Alternativa para a Construção da Referência: o Aposto Explicativo

É possível, também, utilizar o chamado aposto explicativo como forma de construir uma referência, seja didaticamente, seja como avaliação.

É preciso lembrar que o aposto é um termo da oração que modifica seu antecedente e se identifica com ele. Quando dizemos "rio Amazonas", por exemplo, *Amazonas* é aposto de *rio*, porque modifica *rio* e se identifica com *rio* (Rio é Amazonas e Amazonas é rio). Nesse exemplo, temos o aposto especificativo, uma vez que *rio* é gênero e *Amazonas* é espécie. Quando dizemos "Eisenhower, general e presidente americano", *general e presidente americano* é aposto de *Eisenhower*, porque modifica *Eisenhower* e se identifica com ele. Nesse caso, contudo, temos um aposto explicativo, uma vez que *Eisenhower* é espécie e *general e presidente americano* é gênero. O aposto explicativo deve vir sempre entre vírgulas.

Vejamos agora o seguinte trecho de Arnaldo Jabor:

> Depois, *o papa* ficou doente, há dez anos. E eu olhava cruelmente *seus* tremores, *sua* corcova crescente e, sem compaixão alguma, pensava que *o pontífice* não queria "largar o osso"?, e ria *dele* como um anticristo.
>
> Até que, nos últimos dias, *João Paulo II* chegou à janela do Vaticano, tentou falar... e num esgar dolorido, trágico, foi fotografado em *close*, com a boca aberta, desesperado.
>
> *Essa foto* é um marco, um símbolo forte, quase como as torres caindo em NY. Parece um *prenúncio do Juízo Final, um rosto do Apocalipse, a cara de nossa época*. É aterrorizante ver o desespero d*o homem de Deus*, d*o Infalível,* d*o embaixador de Cristo.* Naquele momento *Deus* virou

homem. E, subitamente, entendi alguma coisa maior que sempre me escapara: *aquele rosto retorcido* era *o choro de uma criança, um rosto infantil em prantos!* *O papa* tinha voltado a seu nascimento e sua vida se fechava. Ali estava *o menino pobre, ex-ator, ex-operário*, ali estavam *as vítimas da guerra, os atacados pelo terror*, ali estava *a imensa solidão igual à minha*. Então, *ele* morreu[11].

Nos dois primeiros parágrafos a coesão textual é feita de maneira normal. No terceiro parágrafo, porém, esse procedimento ganha uma dimensão maior por ser um recurso utilizado por Jabor para reconstruir a figura do papa como objeto do seu discurso, de acordo com um novo ponto de vista da sua percepção. A figura do pontífice é resumida por *essa foto*, retomada na frase seguinte como *prenúncio do Juízo Final*. Logo a seguir, há dois apostos, *um rosto do Apocalipse* e *a cara de nossa época*. Na frase seguinte, prossegue o uso da coesão léxica. A expressão *o homem de Deus* retoma a figura do papa. Seguem-se dois apostos: *o Infalível, o embaixador de Cristo*. Nas frases seguintes, prossegue o uso da coesão léxica com mais apostos. Na frase final, temos dois apostos modificando a expressão *o menino pobre*: *ex-ator* e *ex-operário* e mais uma cadeia de expressões nominais construindo a figura do papa (*vítimas da guerra, os atacados pelo terror*), finalizando por sua identidade com o autor do texto: ali estava *a imensa solidão igual à minha*.

Como vemos, aliado à coesão léxica, o aposto explicativo é um importante recurso da língua disponível para ser usado na construção das referências.

11. Arnaldo Jabor, *Pornopolítica*, pp. 69-70.

Referenciação e Memória Discursiva

Além da clareza e das orientações argumentativas, a coesão léxica também cria outros espaços para veicular informações, dentro de um texto. Vejamos o seguinte texto:

> Desde que os terroristas da *Al Qaeda* atacaram o World Trade Center e o Pentágono, no ano passado, há uma certeza: *a organização islâmica* prepara novos atentados. A dúvida é quando e onde. Nos últimos dez meses, a derrota no Afeganistão e a vigilância internacional tornaram mais difícil a comunicação entre as células do *grupo terrorista liderado pelo saudita Osama bin Laden*[12].

Pela "linha do texto", somos informados de que os terroristas da Al Qaeda preparam novos atentados, não se sabe quando e onde e que a derrota no Afeganistão e a vigilância internacional dificultaram a comunicação entre suas células. Pela "linha da coesão léxica", somos informados de que a Al Qaeda é uma organização islâmica, que é um grupo terrorista e que seu líder é Osama bin Laden, de naturalidade saudita. Essas informações poderiam também ser fornecidas dentro da linha do texto, mas o autor preferiu utilizar a construção da referência para veiculá-las. De fato, a coesão léxica ao longo do texto vai completando, dentro das mentes do leitor, a referência inicial *terroristas da Al Qaeda*. Essa construção acumulada, que recebe o nome de MEMÓRIA DISCURSIVA, tem o efeito de ampliar o conhecimento enciclopédico de mundo do leitor.

---

12. Revista *Veja*, 17 jul. 2002, p. 50.

5

Uso Criativo da Metonímia: Um Processo de Projeção

O que é Projeção?

Transportemo-nos para a pré-história e imaginemos dois de nossos longínquos ancestrais que, numa manhã, abandonaram provisoriamente a segurança da caverna em que moravam, em busca de comida. Estão observando as árvores, procurando frutos. Subitamente, surge um grande tigre negro que ataca um deles e começa a devorá-lo. Em desabalada carreira, esquecendo a própria fome, o sobrevivente volta à caverna. No dia seguinte, sai ele de novo, à procura de alimento. De repente, vê, a meia distância, um tigre cinza vagando por perto. Imediatamente, põe-se a correr de volta à caverna. Mas, por que ele fez isso? Afinal, o tigre que vira não era o tigre negro do dia anterior que tinha "almoçado" o amigo! Ocorre que nosso ancestral já era dotado de um PROCESSO COGNITIVO DE PROJEÇÃO, ou seja, ele projetou sobre o tigre cinza a figura do tigre negro do dia anterior e concluiu que ele era igualmente perigoso. O resultado desse processo tem o nome de CATEGORIZAÇÃO. Intuitivamente, nosso ancestral incluiu os dois animais, o do dia anterior e o do dia seguinte, em uma categoria: a de animal predador. Graças a essa habilidade cognitiva, ele pôde sobreviver e, quem sabe, ter a oportunidade de passar seus genes à frente e ser um de nossos tataravôs perdidos no abismo do tempo. Podemos, agora, tirar duas conclusões. A primeira é que um processo de projeção implica partir de um DOMÍNIO DE ORIGEM (no caso, o tigre negro) e aplicá-lo a um DOMÍNIO ALVO (no caso, o tigre cinza). A segunda é que esse processo faz parte do arsenal cognitivo do animal humano e sempre foi fundamental para sua sobrevivência. Como diz António Damásio, em seu livro *O Erro de Descartes*,

> [...] quando somos confrontados com uma situação, a categorização prévia permite-nos descobrir rapidamente se uma dada opção ou resultado será vantajoso ou de que modo as diversas contingências podem alterar o grau de vantagem[1].

A nossa experiência de projeção mais comum é a da projeção de uma parte em um todo. Se estamos diante de uma pessoa sentada do outro lado de uma mesa, nossa percepção visual abarca apenas parte do seu tronco, a cabeça e, possivelmente, os braços. Sabemos, entretanto, que ela se encontra inteira atrás da mesa. Essa conclusão se fundamenta numa projeção: projetamos a parte que percebemos visualmente no todo que é a pessoa inteira. Por esse motivo é que podemos utilizar fotos 3x4 em documentos de identificação. Quando mostro uma dessas fotos a alguém, ninguém diz: "– Ah, é a cabeça do João". Diz, simplesmente, "– É o João". É também por esse motivo que apenas a fachada de um prédio pode ser construída como cenário para um filme ou telenovela. Quem assiste projeta o cenário da fachada em

---

1. António Damásio, *O Erro de Descartes*, pp. 231-232.

um prédio inteiro. Essa projeção de parte no todo é chamada de METONÍMIA. Antigamente, a metonímia era tratada apenas como figura de linguagem. Modernamente, é entendida como um dos principais processos cognitivos utilizados no dia a dia pelos seres humanos.

Os processos cognitivos que nos levam a fazer projeções metonímicas acham-se também ligados a fatores históricos e culturais. Por que uma revolução acontecida em Pernambuco, em 1848, foi denominada "praieira"? Porque a sede do jornal liberal *O Diário Novo*, que propagava as ideias que originaram a revolta, ficava na Rua da Praia, no Recife. Temos aí uma projeção metonímica que se configura pela utilização do nome de um local pelo evento nele acontecido. Pelo mesmo processo, provém uma infinidade de denominações como: "batalha de *Waterloo*" (nome de uma região ao sul de Bruxelas onde se deu a famosa batalha em que Napoleão foi derrotado pelos ingleses), "escândalo de *Watergate*" (edifício onde ficava a sede do partido democrata americano, em Washington), "decisão de *Downing Street*" (residência do primeiro ministro britânico) etc. etc.

António Damásio, no mesmo livro citado há pouco, relaciona a metonímia também às nossas emoções e nos fala que, se um componente marginal se acha vinculado a algo positivo ele é visto, também, como positivo e se, ao contrário, ele se acha vinculado a algo negativo, é visto, também, como negativo. Conclui ele, dizendo que "A luz que ilumina uma coisa genuinamente importante, boa ou má, brilha também sobre o que a rodeia"[2].

2. *Idem*, p. 145.

É por esse motivo que, muitas vezes, ao conhecer uma pessoa, podemos simpatizar ou antipatizar com ela à primeira vista. O formato do rosto, o som da voz, um detalhe qualquer podem ativar nossa memória emocional para o bem ou para o mal. Há uma conhecida apresentadora de televisão, muito bonita e competente, mas que, sem culpa própria, me causou péssima impressão desde a primeira vez em que a vi, porque sua voz é exatamente igual à de uma professora que eu considerava antipática.

Platão, no livro em que narra o diálogo de Sócrates com seu discípulo Fédon, sobre a natureza da alma, faz referência a essa metonímia emocional, caracterizando-a como *reminiscência*:

> – Muito bem – prosseguiu Sócrates. – Não sabes o que acontece com os amantes quando veem uma lira, um traje ou qualquer outra coisa que seus amados costumem usar habitualmente? Que ao ver essa coisa pensam em seu dono? Isto é a reminiscência. [...] Poderia te dar um milhão de exemplos[3].

É em função da memória emocional metonímica que muitas agências de propaganda utilizam locais paradisíacos, belas garotas, celebridades para anunciar produtos. Elas apostam no efeito da projeção desses locais, das garotas ou das celebridades sobre aquilo que pretendem vender. Esse tipo de "colagem" é chamado de *amálgama cognitivo*. Numa atitude, muitas vezes criminosa, algumas agências de publicidade associavam o esporte ao consumo de cigarros e, até agora, associam o consumo de cerveja a corpos bonitos. Um

---

3. Platão, "Fédon ou da Alma", *Diálogos*, p. 137.

caso que ficou famoso nos anais da ética na publicidade foi a propaganda do cigarro Marlboro, que associava o cigarro à imagem de um caubói viril.

A metonímia ligada às emoções explica, também, a paixão que certas pessoas demonstram por carros antigos. É interessante acompanhar a forma como um homem de cinquenta anos passeia por uma exposição desses veículos. Automóveis bastante antigos, fabricados nos anos de 1920, quase não chamam sua atenção. Diante de um Mustang 1966, contudo, ele se detém emocionado. Um Ford 29 nunca fez parte da sua experiência de vida, mas o Mustang 66, que ele teve a oportunidade de ver, quando criança, circulando imponente pelas ruas da sua cidade ou estampado nas revistas da época, pode ter sido um objeto de desejo da infância.

A metonímia explica a importância das famosas *madeleines*[4] lembradas com emoção por Marcel Proust, em sua obra *À Procura do Tempo Perdido*, por terem sido parte de uma experiência emocional de convívio com a mãe em sua infância. A metonímia é também importante para criar uma infinidade de projeções criativas. Vejamos o seguinte trecho do *Werther* de Goethe:

> Retido por uma reunião a que não podia faltar, não fui à casa de Carlota. Que hei de fazer? Mandei lá o meu criado, apenas para ter junto de mim alguém que se tivesse aproximado dela. E com que impaciência o esperei! Com que alegria o vi regressar! Deu-me vontade de beijá-lo, mas tive vergonha.
> Conta-se que a pedra de Bolonha, quando exposta ao sol, furta-lhe os raios e fica por algum tempo luminosa durante a noite. Pareceu-

---

4. Bolinho em forma de concha.

-me haver acontecido o mesmo com o meu criado. Só o pensar que os olhos de Carlota tinham pousado em seu rosto, nas suas faces, nos botões da sua libré, no seu colete, fez com que ele se tornasse para mim tão precioso, tão sagrado! Naquele momento, eu não daria o meu criado por 1 000 escudos. Eu me sentia tão feliz junto dele!... Que Deus não deixe você rir-se de tudo isto! Wilhelm, não são as visões quiméricas que nos tornam felizes?[5]

Utilizando a projeção metonímica dos olhos da amada na figura do seu criado, Goethe escreveu esse capítulo memorável.

José Cândido de Carvalho utilizou também a projeção metonímica no início do seu conhecido romance *O Coronel e o Lobisomem*:

Nos currais do Sobradinho, no debaixo do capotão de meu avô, passei os anos de pequenice, que pai e mãe perdi no gosto do primeiro leite. Como fosse dado a fazer garatujações e desabusado de boca, lá num inverno dos antigos, Simeão coçou a cabeça e estipulou que o neto devia ser doutor de lei:

– Esse menino tem todo o sintoma do povo da política. É invencioneiro e linguarudo[6].

Para falar na perda dos pais, o narrador em primeira pessoa, na figura do Coronel Ponciano, diz "que pai e mãe perdi no gosto do primeiro leite", fazendo analogia entre o leite e sua mãe. Para criar uma situação humorística, descreve o menino que fora, por meio de características que, dentro do imaginário popular, fazem parte do comportamento dos doutores da lei e dos políticos: escrever garatujas (letra ruim e disforme) ser desabusado de boca, invencioneiro e linguarudo.

---

5. Johann Wolfgang von Goethe, *Werther*, p. 324.
6. José Cândido de Carvalho, *O Coronel e o Lobisomem*, p. 3.

O texto ficou muito mais criativo e bonito do que se ele dissesse, simplesmente, que tinha ficado órfão logo que nasceu e que o avô fez previsão de que ele seria, futuramente, um advogado ou um político.

A projeção metonímica é também muito usada na poesia, como se pode ver no seguinte poema, composto em Portugal no século XV, pelo poeta João Roiz de Castelo Branco.

> CANTIGA, PARTINDO-SE[7]
>
> Senhora, partem tão tristes
> Meus olhos por vós, meu bem,
> Que nunca tão tristes vistes
> Outros nenhuns por ninguém.
>
> Tão tristes, tão saudosos,
> Tão doentes da partida,
> Tão cansados, tão chorosos,
> Da morte mais desejosos
> Cem mil vezes que da vida:
> Partem tão tristes os tristes,
> Tão fora de esperar bem,
> Que nunca tão tristes vistes
> Outros nenhuns por ninguém.

Nesse poema, o autor projeta nos olhos, metonimicamente, sentimentos como tristeza, saudade, cansaço e desejo.

Quando a projeção metonímica é feita pondo foco em uma parte inalienável de alguma coisa ou pessoa (olhos, como no caso desse poema), ela é chamada, nos tratados de estilística, de SINÉDOQUE.

---

7. José Joaquim Nunes, *Crestomatia Arcaica*, p. 471. (A ortografia foi atualizada.)

6
Vivendo Histórias e Fazendo Projeções

Segundo Mark Turner, autor do livro *The Literary Mind: the Origins of Thought and Language*, a maior parte da nossa experiência e do nosso conhecimento é organizada por meio de histórias. Quando pensamos em histórias, pensamos logo em um romance, um conto policial ou, saindo do campo da ficção, em histórias envolvendo pessoas reais, em crises políticas, ou em histórias curiosas de povos distantes, como as narradas no "Discovery Channel". Ninguém pensaria que uma pessoa atravessando a rua consiste em uma história, mas é uma pequena história, uma espécie de "marco zero" de outras histórias mais complexas. Vivemos uma porção delas durante o nosso dia. Pela manhã, há a pequena história de nos levantarmos, tomarmos banho e fazermos o desjejum. Depois, a pequena história de entrarmos no carro, sair enfrentando o trânsito, e assim por diante.

Em nossas pequenas histórias diárias, somos capazes de distinguir objetos de pessoas, um objeto de outro objeto, uma pessoa de outra pessoa. Somos também capazes de distinguir objetos de eventos. Fazemos isso, porque o processo evolutivo nos ensinou a distinguir objetos de acontecimentos e a reuni-los em histórias.

Somos acostumados a ouvir histórias desde pequenos. Ouvir histórias foi um dos mais importantes processos de aprendizagem de nossos longínquos ancestrais. À noite, em volta da fogueira, um adulto falava das aventuras do dia, de como ele conseguira localizar uma presa no exercício de uma caçada e de como se aproximou dela e conseguiu matá-la. Em volta, as crianças ouviam, fascinadas, os relatos de sucessos e fracassos, aprendendo as técnicas de caça, vitais para sua própria sobrevivência futura, numa época em que os seres humanos ainda eram apenas coletores e caçadores.

A Parábola como Projeção

Parábolas, Provérbios e Fábulas

Assim como fomos condicionados a fazer projeções para criar categorias ou para estabelecer relações entre partes acessórias de coisas ou acontecimentos importantes e essas próprias coisas ou acontecimentos, fomos também condicionados a fazer projeções de uma história sobre outras histórias. Buda, Cristo e outros grandes mestres e filósofos utilizaram projeções chamadas PARÁBOLAS, para seus ensinamentos. Para defender a tese do resgate daqueles que se desviaram do caminho, Jesus conta a parábola do filho pródigo; para defender a tese da contribuição de cada um segundo suas posses, Jesus narra a parábola do óbolo da viúva. No campo da Filosofia, a projeção mais conhecida é a parábola da caverna contada por Platão, na *República*, para salientar a distinção entre as "miragens" que vemos e o verdadeiro conhecimento. Em conversa com Glauco, seu irmão, depois de contar a história de seres humanos agrilhoados desde a infância dentro de uma caverna, obrigados a olhar apenas para as sombras projetadas na parede (domínio de origem), Platão faz a projeção:

– Meu caro Glauco, esse quadro – continuei – deve agora aplicar-se a tudo quanto dissemos anteriormente, comparando o mundo visível através dos olhos, à caverna da prisão, e a luz da fogueira que lá existia, à força do Sol. Quanto à subida ao mundo superior e à visão do que lá se encontra, se a tomares como a ascensão da alma ao mundo inteligível, não iludirás minha expectativa, já que é teu desejo conhecê-la[1].

As fábulas são também parábolas, pequenas narrativas cujo domínio alvo da projeção é a vida pessoal de cada um. Vejamos a versão original da conhecida fábula da *Raposa e as Uvas* de Esopo:

Uma raposa faminta viu uns cachos de uva pendentes de uma vinha: quis pegá-los mas não conseguiu. Então, afastou-se murmurando: "Estão verdes demais". MORAL: Assim também, alguns homens, não conseguindo realizar seus negócios por incapacidade, acusam as circunstâncias[2].

Veja-se que em primeiro lugar vem a história (domínio de origem). Logo em seguida, vem o ensinamento moral (domínio alvo) que é análogo ao provérbio: "Quem desdenha quer comprar".

Aliás, os provérbios são parábolas condensadas. Quando vemos que alguém se esforça para conseguir algo e está a ponto de desistir, podemos dizer:

---

1. Platão, *A República*, p. 212.
2. Esopo, *Fábulas*, p. 31.

– Água mole em pedra dura tanto bate até que fura.

Ao dizer essa frase, fazemos uma projeção cujo domínio de origem é o provérbio e o domínio alvo a situação vivida por nosso interlocutor. O objetivo é motivá-lo a perseverar em seu intento.

Escrevendo Textos Criativos por Meio da Projeção de Histórias

A projeção de pequenas histórias é um excelente recurso para desenhar criativamente um texto. Imagine que alguém queira redigir um texto defendendo a exploração sustentável da Amazônia. Poderia dizer, por exemplo, que tanto devastar essa região de maneira irresponsável quanto deixá-la intocada são um mau negócio e que o ideal seria aproveitá-la de maneira racional. Mas essa mensagem ficará mais bem gravada na cabeça do leitor se, primeiramente, criarmos uma imagem por meio de uma pequena história, para, depois, projetá-la na defesa da nossa tese, como no seguinte texto:

> Li, em uma revista especializada em automóveis, que há alguns milionários americanos malucos que, tendo comprado uma Ferrari de um milhão de dólares, em vez de usá-la, colocam-na em exposição, como enfeite, na sala da mansão em que costumam receber seus convidados.
> Quando se fala em preservação da Amazônia, há muita gente que pensa dessa maneira. Ora, preservar não quer dizer não utilizar. É preciso ser contra o desmatamento predatório, não contra o desmatamento racional. É preciso ser contra a retirada irracional de madeira, não contra sua retirada racional. Isso vale para a pesca, a caça, a preser-

vação da flora etc. Concluindo: preservar é seguir apenas aquela máxima antiga que diz: *ratio est in media res*. A razão está no meio da coisa.

No primeiro parágrafo, temos a história dos milionários excêntricos que compram Ferraris apenas para expô-las na sala de estar. No segundo, a projeção dessa história sobre o tema tratado. O resultado é um texto com um poder muito maior de atrair o leitor.

Em uma de suas crônicas, Nelson Rodrigues narra, primeiramente, uma experiência de infância num processo de premiação em exposição de gado:

> A nossa modéstia começa nas vacas. Quando era garoto, fui, certa vez, a uma exposição de gado. E o júri, depois de não sei quantas dúvidas atrozes, chegou a uma conclusão. Vi, transido, quando colocaram no pescoço da vaca a fitinha e a medalha. Claro que a criança tem uma desvairada imaginação óptica. Há coisas que só a criança enxerga. Mas quis-me parecer que o animal teve uma euforia pânica e pingou várias lágrimas da gratidão brasileira e selvagem[3].

Na sequência do seu texto, fala, mais à frente, sobre a cerimônia de premiação de importantes figuras brasileiras:

> Fiz as divagações acima porque assisti, no último sábado, à entrega dos prêmios do Museu da Imagem e do Som. [...] Sala Cecília Meireles. Como o governo da Guanabara estava ligado aos prêmios, compareceu o governador Negrão de Lima que, em pessoa, faria a entrega. E, para maior ênfase do acontecimento, puseram lá uma banda de música. Um dos premiados era Oscar Niemeyer. Outro: Glauber Rocha; outro ainda: Pelé[4].

---

3. Nelson Rodrigues, *A Cabra Vadia*, p. 20.
4. *Idem*, p. 22.

Logo a seguir, na continuação do texto, Nelson retoma a pequena história inicial, projetando-a sobre a premiação de um dos agraciados:

> Dirá alguém que eram prêmios modestos. Não importa. A vaca já citada recebeu muito menos, ou seja, uma fitinha com uma medalha. E nasceu nos seus dentes toda uma espuma; a gratidão escorria-lhe em forma de baba elástica. Eis o que me perguntava: – como reagiria Oscar Niemeyer?[5]

O efeito dessa projeção é sarcástico: leva o leitor a visualizar o famoso arquiteto babando, ao receber seu prêmio. Trata-se de uma dura crítica a como nos deixamos iludir por essas honrarias (medalhas, fitinhas, placas etc.) que até mesmo as vacas costumam ganhar.

Um outro exemplo, desta vez cheio de lirismo, é o que nos apresenta a seguinte crônica de Rubem Braga:

> O PAVÃO
>
> Eu considerei a glória de um pavão ostentando o esplendor de suas cores; é um luxo imperial. Mas andei lendo livros, e descobri que aquelas cores todas não existem na pena do pavão. Não há pigmentos. O que há são minúsculas bolhas d'água em que a luz se fragmenta, como em um prisma. O pavão é um arco-íris de plumas.
>
> Eu considerei que este é o luxo do grande artista, atingir o máximo de matizes com o mínimo de elementos. De água e luz ele faz seu esplendor; seu grande mistério é a simplicidade.
>
> Considerei, por fim, que assim é o amor, oh! minha amada; de tudo que ele suscita e esplende e estremece e delira em mim existem apenas meus olhos recebendo a luz de teu olhar. Ele me cobre de glórias e me faz magnífico.
>
> (Rio, novembro, 1958)[6]

---

5. *Idem, ibidem.*
6. Rubem Braga, *Ai de Ti Copacabana*, p. 120.

No primeiro parágrafo, o autor explica como o pavão, sendo pobre em cores, obtém uma quantidade infinita de matizes, por meio da luz refratada nas bolhas d'água presentes em suas penas. No último parágrafo, faz a projeção: aquilo que o torna magnífico como amante são apenas seus olhos recebendo a luz que emana dos olhos da amada.

Projeções de Ações em Eventos

Nós temos duas formas de percepção: o *espaço* e o *tempo*. Vivemos dentro de um espaço e somos sensíveis ao decorrer do tempo. Temos consciência, também, de que, embora possamos voltar a um ponto em que já estivemos (espaço), não podemos voltar a um momento que já vivemos (tempo).

Quanto ao entendimento, nós, humanos, desenvolvemos duas "ferramentas": a *categorização*, que já vimos no capítulo anterior, e a *causalidade*. Se dentro de uma sala houver um gato e alguém, de fora, fizer rolar uma bola sobre o chão, o gato, imediatamente, irá atrás da bola. Mas, se dentro dessa mesma sala, estiver um ser humano, a primeira coisa que ele irá fazer será voltar-se para a direção da origem da bola, procurando saber de onde vem e quem a atirou.

Embora determinadas ações como castigar e mastigar sejam próprias de seres animados, costumamos, às vezes, projetá-las em eventos. É o que acontece, quando dizemos que "a chuva *castiga* o sul do país", ou que "a impressora está *mastigando* o papel". Outros exemplos:

A inflação comia os salários antes do Plano Real.
Minha intuição me diz que devo parar de confiar nos outros.
Aos trinta e dois anos, *um câncer o pegou* de surpresa.

A imaginação dos povos antigos, aliada a essa necessidade de encontrar uma causa animada, criou, para os fenômenos que não sabiam explicar, os mitos, que são formas de projetar ações em eventos. Em vez de entender os raios e trovões como fenômenos da natureza, os gregos construíram uma história pondo Zeus como um ator divino que atirava os raios sobre a Terra. Mas... quem manufaturava os raios? Bem, como Zeus era o deus dos deuses, não poderia, devido à sua importância hierárquica, fabricá-los. Para dar conta dessa tarefa, os gregos construíram outra história segundo a qual Hefesto, um deus menos importante, era encarregado de produzi-los. Segundo a lenda, esse deus teria fabricado também o Carro de Apolo (o sol) e as armas de Aquiles. Na mitologia nórdica, a origem dos trovões tinha como ator o deus Thor, que os produzia brandindo nos céus um martelo chamado *mjolnir*.

Também os romanos tinham mitos bastante criativos, como o da deusa Fortuna, que explicava a boa ou a má sorte das pessoas. Essa deusa era representada pela estátua de uma jovem carregando em uma das mãos uma cornucópia, espécie de vaso em forma de chifre com frutos e flores, sugerindo abundância, e, em outra, um leme de navio. Se movesse a cornucópia em direção a um humano, ele era beneficiado com a riqueza. Se movesse o leme, a prosperidade se afastava dele.

A transformação de algo inanimado em ator, mudando eventos em ações, é um importante recurso para o design de um texto. Vejamos o seguinte trecho de Joaquim Nabuco:

> Às vezes me distraio a pensar que povo eu salvaria, podendo, se a humanidade se devesse reduzir a um só. Minha hesitação seria

entre a França e a Inglaterra – aliás, sei bem que no começo do século quem eliminasse a Alemanha do movimento das ideias, da poesia, da arte, eliminaria o que ele teve de melhor. Entre a França e a Inglaterra, porém, fico sempre incerto. O meu dever seria, talvez, socorrer a França. "Se Madame Récamier e eu estivéssemos a nos afogar, qual de nós duas o senhor salvaria?" perguntou uma vez Madame de Staël ao seu amigo Talleyrand. *"Oh! Madame, vous savez nager"*[7]. A Inglaterra, também, sabe nadar[8].

"A Inglaterra, também, sabe nadar." Aqui, Nabuco projeta um ator, um ser animado, Madame de Staël, em um ser inanimado: a Inglaterra. Em estilística, esse procedimento tem o nome de HIPÁLAGE.

A propósito, nosso Hino Nacional começa com uma projeção por hipálage:

> Ouviram do Ipiranga as margens plácidas
> De um povo heroico o brado retumbante
> E o sol da liberdade, em raios fúlgidos,
> Brilhou no céu da Pátria nesse instante.

Muitos interpretam que quem ouviu o brado retumbante foram pessoas, imaginando que o verbo "ouvir" (em "ouviram") está em uma forma impessoal de terceira pessoa do plural, como em "bateram à porta". O sujeito da frase, entretanto, são "as margens do Ipiranga", transformadas por Duque Estrada em atores capazes de ouvir. A ordem direta seria: "As margens plácidas do Ipiranga ouviram o brado retumbante de um povo heroico". Convenhamos que a ordem invertida dificulta bastante o entendimento da ação projetada.

7. "Oh! Madame, vós sabeis nadar."
8. Joaquim Nabuco, *Minha Formação*, p. 85.

Vejamos um belo exemplo de projeção de uma ação num evento, no poema de Vicente de Carvalho intitulado "A Flor e a Fonte":

> "Deixa-me, fonte!" Dizia
> A flor, tonta de terror.
> E a fonte, sonora e fria,
> Cantava, levando a flor.
> "Deixa-me, deixa-me, fonte!"
> Dizia a flor a chorar:
> "Eu fui nascida no monte...
> Não me leves para o mar".
> E a fonte, rápida e fria,
> Com um sussurro zombador,
> Por sobre a areia corria,
> Corria levando a flor.
> "Ai, balanços do meu galho,
> Balanços do berço meu;
> Ai, claras gotas de orvalho
> Caídas do azul do céu!..."
> Chorava a flor, e gemia,
> Branca, branca de terror,
> E a fonte, sonora e fria
> Rolava levando a flor.
> "Adeus, sombra das ramadas,
> Cantigas do rouxinol;
> Ai, festa das madrugadas,
> Doçuras do pôr do sol;
> Carícia das brisas leves
> Que abrem rasgões de luar...
> Fonte, fonte, não me leves,
> Não me leves para o mar!..."
> As correntezas da vida
> E os restos do meu amor
> Resvalam numa descida
> Como a da fonte e da flor...

Nesse poema a fonte e a flor se tornam atores vivendo um conflito. Nos versos finais, esse conflito é projetado na vida do eu-lírico do poeta: tal qual a flor é levada ao mar pela fonte, sua vida e o que restou do seu amor estão sendo também levados.

7

COMPARAÇÕES E METÁFORAS COMO PROJEÇÕES

Às vezes, a projeção de imagens é feita por comparação. São famosas as comparações feitas por José de Alencar. Vai aqui um trecho de *Iracema*, um de seus mais famosos romances:

> Além, muito além daquela serra, que ainda azula no horizonte, nasceu Iracema.
> Iracema, a virgem dos lábios de mel, que tinha os cabelos mais negros que a asa da graúna e mais longos que seu talhe de palmeira.
> O favo da jati não era doce como seu sorriso; nem a baunilha recendia no bosque como seu hálito perfumado[1].

Alencar projeta, por comparação, a cor das asas da graúna aos cabelos de Iracema, cujo comprimento é medido pelo tamanho de seu corpo, por sua vez comparado com o talhe de uma palmeira. A seguir, projeta a doçura do favo da jati em seu sorriso e o perfume da baunilha, em seu hálito. O resultado é uma descrição multimodal de Iracema, induzindo os cinco sentidos do leitor.

Veja o poder da projeção por comparação no seguinte trecho do *Hamlet* de Shakespeare, no momento em que o

---

1. José de Alencar, *Iracema*, p. 51.

jovem Hamlet critica a mãe por se ter casado com seu tio um mês apenas depois da morte de seu pai:

> – Não, não quero lembrar – Frivolidade,
> O teu nome é mulher. Um mês apenas,
> Antes que se gastassem os sapatos
> Com que seguiu o enterro de meu pai,
> Como Níobe em prantos... eis que ela própria –
> Oh Deus, um animal sem raciocínio
> Guardaria mais luto – ei-la casada
> Com o irmão de meu pai, mas tão diverso
> Dele quanto eu de Hércules: um mês![2]

Primeiramente, Hamlet compara Gertrudes, sua mãe, a Níobe, personagem da mitologia grega que, de tanto chorar a morte de seus catorze filhos assassinados por Apolo e Ártemis, foi transformada por Zeus, penalizado, em uma rocha que vertia água continuamente. A seguir compara-a a um animal sem raciocínio e a si mesmo, depreciativamente, com Hércules para acentuar a diferença entre o atual esposo e o antigo.

Mais à frente, quando aguarda que o fantasma de seu pai lhe diga como e quem o assassinou, assim se dirige Hamlet a ele, em comparação:

> Conta-me logo, para que eu, com asas
> Rápidas como a ideia ou como o amor,
> Voe à vingança![3]

A resposta do fantasma vem com outra comparação:

---

2. William Shakespeare, *Hamlet*, pp. 167-168.
3. *Idem*, p. 174.

Era o que esperava.
Serias mais apático e mais lento
Que a raiz que apodrece junto ao Letes,
Se não fizesse isso. Agora Hamlet,
Escuta:[4]

A mais comum e mais utilizada forma de projeção é a METÁFORA, uma figura de linguagem em que o domínio alvo é substituído pelo domínio de origem, numa projeção mais concisa, como ocorre neste trecho em que Nelson Rodrigues, em uma crônica, comenta o fato de o Brasil jamais ter ganho um prêmio Nobel:

> Todo mundo já ganhou o prêmio Nobel, menos o brasileiro. Não me venham falar em subdesenvolvimento. O Chile e a Nicarágua são mais subdesenvolvidos do que o Brasil. E ambos têm o seu prêmio Nobel. Há quem diga: – "A Nicarágua não existe". Sei lá. Mas, exista ou não, eis a verdade: – existe para a Academia Sueca. O Brasil, não. E nem importa a nossa tremenda extensão territorial. *Este país é uma espécie de elefante geográfico.* Mas a Academia Sueca olha para cá e não vê ninguém[5].

Dizer que o Brasil é uma espécie de elefante geográfico valoriza a ideia do contraste entre o tamanho do país e a ausência de talentos que sejam reconhecidos pela Academia Sueca.

São milhares os exemplos desses processos de projeções, tanto metafóricas quanto metonímicas. Vejam mais um deles no belo trecho de Orlando Paes Filho em seu romance *Diário de um Cavaleiro Templário*:

> A segunda visita impressionante do dia foi a de Margavina. Linda como sua filha Richardis, jovem como ela, com sua pele cor de

---

4. *Idem, ibidem.*
5. Nelson Rodrigues, *A Cabra Vadia*, p. 198.

pérola e olhos azul-céu, exalava beleza, cujo único contraste com a filha era a ausência do hábito de monja e a presença de um vestido vermelho, todo decorado com pedras e fitas douradas. Seu cabelo, da cor do ouro, pendia por sobre os acabamentos do vestido. Assim que desceu da carruagem, foi recebida pelo abade, pois Margavina era grande benfeitora do monastério. O olhar agradecido e subalterno do abade demonstrava o tamanho dessas benfeitorias. Olhar muito diferente foi dirigido a ela por lorde Henry de Mainz. Este a olhou com os olhos azuis em brasa e seu apetite pela mulher lembrou o terrível olhar de meus falecidos tios. Margavina lhe devolvia, despudoradamente, o olhar sensual. Ali estavam dois potros selvagens vestidos de glória[6].

Depois de descrever Margavina, seu vestido, seu cabelo, suas joias, Paes Filho põe foco no encontro dos olhares (projeção metonímica, como vimos) entre ela e lorde Henry de Mainz. A frase final coroa a descrição com uma metáfora: "Ali estavam dois potros selvagens vestidos de glória".

---

6. Orlando Paes Filho, *Diário de um Cavaleiro Templário*, pp. 51-52.

8

Projeções por Esquemas de Imagem

Do ponto de vista cognitivo, as projeções podem partir de domínios de origem bastante gerais: os ESQUEMAS DE IMAGEM. Esquemas de imagem são padrões estruturais recorrentes em nossa experiência sensório-motora que, quase sempre, servem para estruturar conceitos complexos. Sua origem está ligada à nossa estrutura física. Utilizando nosso próprio corpo como ponto de observação, criamos conceitos como *direita, esquerda, frente, atrás, acima, abaixo*. Como somos seres dotados de movimento, criamos conceitos como *origem, caminho, destino, obstáculos*. Como somos confrontados com forças que nos puxam ou empurram (vento, animais, outros seres humanos, antagonistas, em geral), criamos um conceito chamado de *dinâmica de forças*. Como, para ficar em posição ortostática (ereta) ou nos mover, utilizamos nosso sistema neurológico de propriocepção, temos também incorporado o conceito de *equilíbrio estático e dinâmico*.

O termo imagem não deve ser entendido aqui como meramente visual, uma vez que as imagens, além de visuais, podem ser auditivas, tácteis, olfativas etc. Os principais esquemas de imagem são, pois:

Percurso – com início, meio e fim, dirigido à frente, ao alto ou para baixo;

Container – com suas partes: fora, dentro e limites;
Ligação – entre partes, entre unidades etc.;
Dinâmica de forças – resultado do contato dinâmico entre um agonista e um antagonista;
Equilíbrio – de força, de massa, de luz etc.

O esquema de percurso é muito usado para fazer menção à duração da vida humana na metáfora "a vida é uma jornada". A direção para cima é considerada positiva, como em "esse jogador está no ponto alto da sua carreira; ele está subindo na vida". Já a direção para baixo é considerada negativa, como em "a produção dessa fábrica vem caindo ano a ano". A base cognitiva para isso é que os seres humanos quando estão saudáveis e vigorosos, estão em pé, mas quando estão seriamente doentes, caem de cama[1].

Um exemplo do uso do esquema de imagem de percurso, incluindo o esquema de dinâmica de forças, é o famoso poema de Drummond, intitulado "No Meio do Caminho":

No Meio do Caminho

No meio do caminho tinha uma pedra
Tinha uma pedra no meio do caminho
Tinha uma pedra
No meio do caminho tinha uma pedra.

Nunca me esquecerei desse acontecimento
Na vida de minhas retinas tão fatigadas.
Nunca me esquecerei que no meio do caminho
Tinha uma pedra
Tinha uma pedra no meio do caminho
No meio do caminho tinha uma pedra[2].

1. Cf. George Lakkof & Mark Johnson, *Metaphors We Live By*, p. 15.
2. Carlos Drummond de Andrade, *Antologia Poética*, p. 196.

A interpretação usual desse poema é a de que o caminho (espaço) se acha projetado no tempo e que a pedra seria a projeção de um problema (um antagonista) na vida do eu-lírico do autor. Na frase "Nunca me esquecerei desse acontecimento / na vida de minhas retinas tão fatigadas", temos uma projeção metonímica, uma vez que retinas são uma parte do corpo do poeta.

A projeção por meio do esquema do *container* leva em conta um dos nossos esquemas cognitivos mais comuns. Afinal, uma casa é um *container*, uma bolsa é um *container*, um copo é um *container* etc. etc. Num *container*, temos três partes: o exterior (fora), o interior (dentro) e a fronteira ou limite entre o exterior e o interior:

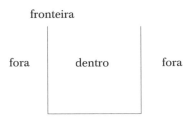

É o esquema do *container* que nos faz "errar" a regência de verbos como *ir* e *chegar*. Segundo a norma culta do português do Brasil, esses verbos devem ser construídos com a preposição *a*, como em:

> Eu fui *à* casa da minha prima.
> Eu cheguei *a* São Paulo às 10h.

Contrariando essa orientação, os brasileiros utilizam, na língua oral, a preposição *em* no lugar de a, dizendo:

Eu fui *na* casa da minha prima.
Eu cheguei *em* São Paulo às 10h.

Isso acontece porque "casa" e "cidade" são *containers*. Quando vamos à casa de alguém, entramos dentro dela e, quando vamos a uma cidade, também entramos nela.

É também o esquema de *container* que interfere na regência de um verbo como *passar*. Dizemos: "hoje passei *pela* avenida Paulista", mas "antes de voltar para casa, passei *na* padaria". Em "passei *pela* avenida Paulista", há apenas o esquema do percurso (caminho), mas, em "passei *na* padaria", há o esquema do *container*, uma vez que se entra dentro da padaria quando se vai a ela.

Um interessante uso do *container* como esquema de imagem é o do poema de João Cabral de Melo Neto, intitulado *Catar Feijão*. Vejamos a primeira estrofe desse poema:

> Catar feijão se limita com escrever:
> jogam-se os grãos na água do alguidar
> e as palavras na da folha de papel;
> e depois, joga-se fora o que boiar.
> Certo, toda palavra boiará no papel,
> água congelada, por chumbo seu verbo
> pois para catar esse feijão, soprar nele,
> e jogar fora o leve e oco, palha e eco[3].

Nessa estrofe, a proposta do autor é utilizar como domínio de origem a ação de catar feijão, utilizando uma panela cheia d'água, ou seja, um *container*, para projetá-la em um domínio alvo: escrever um texto poético. Entretanto,

---

3. João Cabral de Melo Neto, *A Educação pela Pedra*.

logo no quinto verso, o poeta percebe a não-adequação do *container* escolhido para a escrita: uma folha de papel não é apropriada para suas pretensões. Projeta, então, a imagem do gelo (que é branco) na folha (branca) de papel: *água congelada*. Nem assim, as coisas se resolvem. Muda, então, parte do domínio de origem: catar feijão passa a ser, agora, uma ação feita sobre uma superfície plana (adequando-se à estrutura de uma folha de papel), soprando fora os feijões estragados que são ocos, a palha e o eco (repetição de sons em finais de palavras), usando o esquema de dinâmica de forças.

Esse poema é uma espécie de profissão de fé de João Cabral. Para entender isso, basta ler o trecho a seguir, de uma entrevista que o poeta deu ao jornal *O Globo*, em 1973:

> Quando eu comecei a escrever, eu encontrei vigente na poesia brasileira um tipo de linguagem que não me interessava muito, com algumas exceções. Então, eu procurei um tipo de linguagem que não era o que estava sendo usado correntemente. Eu tentei criar uma outra linguagem, não completamente nova, como os concretistas fizeram, mas uma linguagem que se afastasse um pouco da linguagem usual. Ora desde o momento em que você se afasta da norma você se faz esta palavra antipática que é "hermético". Quer dizer, você se faz hermético numa leitura superficial. Agora, se o leitor ler e reler, estudar esse texto, ele verá que a coisa não é tão hermética assim. Apenas está escrito com um pequeno desvio da linguagem usual[4].

Um magnífico exemplo do emprego do esquema de dinâmica de forças é o utilizado por Guimarães Rosa no texto a seguir:

---

4. *O Globo*, 27 out. 1973.

O senhor ouvia, eu lhe dizia: o ruim como ruim, termina por as espinheiras se quebrar – Deus espera essa gastança. Moço!: Deus é paciência. O contrário, é o diabo. Se gasteja. O senhor rela faca em faca – e afia – que se raspam. Até as pedras do fundo, uma dá na outra, vão-se arredondinhando lisas, que o riachinho rola. Por enquanto, que eu penso, tudo quanto há neste mundo, é porque se merece e carece. Antesmente preciso. Deus não se comparece com refe, não arrocha o regulamento. Pra quê? Deixa: bobo com bobo – um dia, algum estala e aprende: esperta. Só que às vezes, por mais auxiliar, Deus espalha, no meio, um pingado de pimenta...[5]

O esquema de dinâmica de forças provocado pelo contato entre duas partes é exemplificado pelas facas que se atritam e amolam, pelas pedras do riacho que se atritam e arredondam e, em seguida, projetado no atrito entre os seres humanos, como resultado de uma ação divina. Logo em seguida, Rosa faz mais uma projeção desse esquema, ao narrar o constrangimento vivido por Riobaldo, já ex-jagunço, quando se defronta, num vagão de trem, com um delegado mau e bruto chamado Jazevedão:

Haja? Pois, por um exemplo: faz tempo, fui, de trem, lá em Sete-Lagoas, para partes de consultar um médico, de nome me indicado. Fui vestido bem, e em carro de primeira, por via das dúvidas, não me sombrearem por jagunço antigo. Vai e acontece perto mesmo de mim, defronte, tomou assento, voltando deste brabo Norte um moço Jazevedão, delegado profissional. Vinha com um capanga dele, um secreta, e eu bem sabia os dois, de que tanto um era ruim, como o outro ruim era[6].

---

5. João Guimarães Rosa, *Grande Sertão: Veredas*, p. 10.
6. *Idem, ibidem.*

Projeção de Imagens e Valores

Um aspecto importante nos processos de projeção é que eles transferem valores provindos do domínio de origem para o domínio alvo. Se utilizarmos, por exemplo, a metáfora da guerra para falar de negócios, dizendo algo como "– Na batalha dos negócios, devemos sempre saber a hora de atacar e de recuar" –, traremos para o campo da negociação um valor negativo, estressante, ligado a vencer ou ser vencido. Se utilizarmos uma metáfora de percurso, dizendo que "– na aventura dos negócios, devemos saber a hora de apreciar uma bela paisagem e a hora de procurar novos caminhos" –, traremos um valor positivo, ligado ao lúdico, a alguma coisa que pode causar prazer. Joseph Campbell, comentando esse fato em seu livro *O Poder do Mito*, diz o seguinte:

> Minha ideia do horror verdadeiro é o que se vê em Beirute. Você tem lá as três grandes religiões do Ocidente, judaísmo, cristianismo e islamismo; e como as três têm nomes diferentes para o mesmo deus bíblico, não são capazes de conviver. Cada uma está fixada na própria metáfora e não se dá conta da sua referencialidade. Nenhuma permite que se abra o círculo ao seu redor. São círculos fechados. Cada grupo diz: "Somos os escolhidos, Deus está conosco"[7].

Um outro exemplo interessante dessa transferência de valores é o fato de, na cultura judaico-cristã, o conceito de *Deus* estar ligado metaforicamente ao conceito de *pai* ("Pai nosso que estais no céu..."). O *frame* de *pai* inclui proteção, responsabilidade, mas inclui também controle, ameaças, punição etc.

---

7. Joseph Campbell, *O Poder do Mito*, p. 22.

Conheci um religioso que dizia ser muito difícil ensinar uma criança carente a rezar o Pai Nosso, pois a metáfora do pai trazia imagens negativas, de abandono, violência, ausência, todas elas vinculadas à sua própria experiência.

Em seu best-seller *O Ponto de Mutação*, Fritjof Capra faz alusão aos valores transferidos pelas projeções de imagem, quando comenta a diferença entre culturas em que a imagem da divindade é masculina e aquelas em que ela é feminina:

> Quando essa imagem do pai é aplicada a Deus, ela evoca naturalmente as noções de obediência, lealdade e fé, e inclui, com frequência, alguma imagem de desafio, com subsequentes prêmio ou punição. A imagem da Deusa, por outro lado, segundo Bruteau, representa uma solução do problema Uno/Muitos. [...] Sua relação é caracterizada por harmonia, ternura e afeição, em vez de desafio e drama. Tal imagem é claramente maternal, refletindo o amor incondicional da mãe, em que mãe e filho estão fisicamente unidos e participam juntos da vida[8].

Talvez isso explique o culto a Maria, dentro da religião católica, como um contraponto às divindades masculinas como Deus e o próprio Cristo. O fato de Maria ser chamada de "medianeira" é um indicador dessa função feminina. Em vez de pedir alguma coisa diretamente a Cristo ou a Deus, pede-se a Maria, que nos ama com amor materno incondicional. Por meio desse *frame*, o pedido chega, finalmente, à divindade masculina. O próprio Vieira explora essa dicotomia entre imagem feminina e masculina, no *Sermão pelo Bom Sucesso das Armas de Portugal contra as de Holanda*, quando diz:

---

8. Fritjof Capra, *O Ponto de Mutação*, pp. 406-407.

Perdoai-nos, Senhor, pelos merecimentos da Virgem Santíssima. Perdoai-nos por seus rogos, ou perdoai-nos por seus impérios; que, se como criatura vos pede por nós o perdão, como Mãe vos pode mandar e vos manda que nos perdoeis. Perdoai-nos, enfim, para que a vosso exemplo perdoemos; e perdoai-nos também a exemplo nosso, que todos desde esta hora perdoamos a todos por vosso amor[9].

Nesse trecho, Vieira aciona também o *frame* do filho que deve obediência à mãe.

A transmissão de valores nos processos de projeção representa uma excelente ferramenta para a criatividade, pois podemos fazer escolhas de valor no momento em que quisermos destacar alguma parte do nosso texto.

---

9. www.ceveh.com.br/sermoes/portxhol.htm.

9

ASPECTOS FUNCIONAIS DOS
PROCESSOS DE PROJEÇÃO

Até o momento, discutimos os aspectos cognitivos dos processos de projeção. Mas ainda nos fica uma pergunta: por que os seres humanos fazem essas projeções? Em outras palavras: qual a funcionalidade delas?

No capítulo anterior, trabalhamos principalmente com textos literários cuja principal função é provocar o estranhamento, a emoção estética. Para isso, em vez de utilizar uma linguagem mais direta e usual, o escritor lança mão de imagens, levando seus leitores a abrir espaços mentais dentro dos quais têm de construir relações diversas do senso comum, matizando o entendimento de um fato com novas cores e sentimentos.

Os processos de projeção podem ter, porém, a função mais prosaica de simples denominação lexical, como quando falamos em "casa de botão", "botão de rosa", ou em "colônia de bactérias", criando sentidos diversos (polissêmicos) e, ainda, outras funções como a pedagógica, que tem por objetivo trazer clareza a um texto, ou argumentativa, quando tem por objetivo convencer e persuadir.

FUNÇÃO PEDAGÓGICA OU DE CLAREZA

Vejamos o seguinte texto de Rubem Alves:

O que é uma teoria? Teorias são óculos feitos com palavras para ajudar os olhos a ver o que normalmente não veem. Os olhos veem o mundo de um jeito. Usando os óculos da teoria, a gente passa a ver o mundo de uma maneira diferente. Olhando para os céus, sozinhos, os olhos veem o sol e os céus estrelados girando em torno da terra plana, parada imóvel. Usando os óculos da teoria, eles veem o contrário: uma terra redonda girando como um pião. Não são os céus que giram; é a Terra. Os olhos nos dizem que a tendência de todo movimento é o repouso. Tudo o que se movimenta para: o pêndulo para, a bola que o jogador chuta para, a flecha que o arqueiro lança para. Pondo os óculos da teoria que Galileu construiu, chamada "princípio da inércia", a gente vê o contrário: a tendência de todo movimento é continuar em movimento, indefinidamente. Olhando para os animais, a gente vê aquela variedade fantástica de formas vivas, todas prontas. Pondo os óculos da teoria da evolução, todas essas formas vivas aparecem interligadas, uma saindo de dentro das outras. As teorias surgem quando a gente começa a desconfiar dos olhos. Elas são inventadas para a gente ver aquilo que os olhos não veem[1].

É nítida a função pedagógica do escritor-filósofo, ao utilizar a metáfora dos "óculos feitos com palavras".

Vejamos um outro exemplo, retirado, desta vez, de um texto da revista *Pesquisa Fapesp*:

A dificuldade vivida por pesquisadores como Renata Pasqualini e Wadih Arap, que investigam novos medicamentos contra o câncer, pode ser comparada com a de alguém que precisa enviar uma carta, mas desconhece o nome da rua e o código de endereçamento postal (CEP) do destinatário. Para ter certeza de que a droga alcançará as células tumorais, eles poderiam remeter milhares de cartas para todos os habitantes da cidade – o paciente, pela analogia –, na esperança de que alguma delas chegasse às mãos de fulano, quer dizer, do tecido cance-

---

1. Rubem Alves, "Sobre Peixinhos e Tubarões", *Correio Popular*, Campinas, 30 jan. 2000, p. 6-C.

roso. O que no universo postal representaria um desperdício de papel, ou o precursor do *spam* no correio eletrônico, na fisiologia do doente se manifesta como toxicidade, o dano causado pelo remédio em células e tecidos que nada têm a ver com a moléstia. Em seu trabalho no Centro de Câncer M. D. Anderson da Universidade do Texas, porém, Renata e Arap acreditam ter descoberto o CEP de alguns fulanos que rondam a próstata, as mamas e os pulmões, e se preparam agora para combatê--los com... cartas-bombas[2].

Todos concordaremos que fica muito mais fácil entender a natureza do medicamento que os pesquisadores estão desenvolvendo contra o câncer, a partir da projeção da noção do endereço e CEP das células tumorais.

Freud utilizou largamente os processos de projeção na criação das bases da psicanálise. O exemplo clássico é o do Complexo de Édipo, que tem como domínio de origem a peça *Édipo Rei* de autoria de Sófocles. Em outra de suas obras, *Totem e Tabu*, Freud utiliza a narrativa dos costumes de povos primitivos para projetá-la na necessidade de haver leis que proíbam os homens de fazer aquilo a que seus instintos os inclinam e que proíbam os crimes que eles têm a propensão natural de cometer, como o incesto, por exemplo.

Função Argumentativa

Uma outra função da projeção é a argumentativa. Em sua obra intitulada *O Valor do Amanhã*, o filósofo e economista Eduardo Giannetti discorre sobre a importância de uma visão precaucionária do amanhã. Há 11 000 anos, na região da Mesopotâmia, quando os seres humanos deixaram de ser ca-

---

2. Revista *Pesquisa Fapesp*, set. 2005, p. 115.

çadores e coletores, ao criarem a agricultura e domesticarem pequenos rebanhos, as condições objetivas por lá existentes (a presença do ancestral do trigo, do sorgo, da cevada, do boi, da ovelha) eram necessárias, mas não suficientes. Foi necessária uma contrapartida humana: que as pessoas tivessem disciplina, que atribuíssem um valor ao futuro. Afinal, quem planta não pode colher no dia seguinte; quem tem diante de si um bezerro precisa esperar que cresça. Segundo ele, foi dessa disciplina que nasceram as civilizações. Os índios, por exemplo, à época das grandes descobertas, viviam ainda no estágio "da mão para a boca". Os negros escravos estavam em condições ainda piores, uma vez que, trabalhando para seus donos, produzindo aquilo que somente a eles interessava, tinham suas demandas de alimentação e moradia por eles supridas. Quando, subitamente, ficaram livres, faltava-lhes o hábito de pensar no amanhã, de pôr foco na obtenção de sua própria sobrevivência, de preparar-se em termos de educação para o mercado de trabalho dos homens livres. A única preparação que tinham era para o trabalho duro da agricultura, sem nenhuma expectativa de contrapartida. Para defender a tese dessa inadequação, Giannetti utiliza a seguinte projeção:

> Para uma analogia, imagine alguém que se preparou durante a melhor parte da vida para ser, digamos, um nadador ou flecheiro competitivo mas que, no momento de disputar uma prova séria – um certame com enormes implicações para o seu futuro – é convocado para um torneio de xadrez. A lisura da partida não anula a fraude do jogo[3].

3. Eduardo Giannetti, *O Valor do Amanhã*, p. 271.

Veja a projeção metafórica feita por Nelson Rodrigues para defender a tese da insensibilidade de uma garota recém--viúva:

> Não saí de casa (no Carnaval). Fundei a minha solidão diante do vídeo. E, de repente, aparece uma conhecida minha, aliás uma menina linda, linda. Um mês antes perdera o marido, um jovem aviador, moreno como um galã do neorrealismo italiano. O jato batera numa montanha e não restara do ser amado, para a viúva, um relógio, uma aliança, uma obturação. E, um mês depois, ela pôs um sarongue em cima da eterna saudade e levou a viuvez para sambar[4].

Nesse texto, o autor faz projeções do concreto sobre o abstrato: "Fundei a minha solidão diante do vídeo [...] ela pôs um sarongue em cima da eterna saudade e levou a viuvez para sambar". Há também uma projeção por comparação: "moreno como um galã do neorrealismo italiano".

Recentemente, o médico neurologista inglês Iain Mac-Gilchrist[5], partindo do fato de que nosso cérebro é dividido em dois hemisférios, afirma que o hemisfério esquerdo – onde se situa a capacidade da linguagem, na área de Broca – é responsável pelo vocabulário abstrato e pela sintaxe, e o hemisfério direito – responsável por colocar as coisas em contexto – é que processa as imagens, as metáforas, facilitando o entendimento daquilo que se diz e se escreve.

---

4. Nelson Rodrigues, *A Cabra Vadia*, p. 172.
5. Iain MacGilchrist, *The Master and his Emissary: the Divided Brain and the Making of the Western World,* new expanded edition, 2019

10

O Som da Linguagem no Texto Escrito

"A poesia, esta longa hesitação entre som e sentido", dizia Paul Valéry[1]. Essa afirmação do grande poeta e crítico literário francês pode servir também à prosa. Embora o texto escrito tenha como finalidade a leitura, um arranjo desastrado dos sons ou do ritmo pode prejudicá-lo bastante. Qual o impacto que provocaria em você ler uma frase como "O tribunal regional eleitoral do Distrito Federal vai mal?"

É por isso que você deve evitar a repetição de palavras num mesmo período ou criar sequências que produzam eco, como no exemplo acima. Por outro lado, às vezes é possível criar belos efeitos de sentido explorando os sons da linguagem. No conto *O Burrinho Pedrês*, Guimarães Rosa faz o seguinte comentário sobre os vários nomes que esse animal tivera, na sucessão das pessoas que tinham sido seus donos:

[...] vida afora, por *amos* e *anos*, outras (intitulações) tivera sempre involuntariamente: Brinquinho, primeiro, ao ser brinquedo de meninos; Rolete, em seguida, pois fora gordo, na adolescência; mais tarde, Chico-Chato, porque o sétimo dono, que tinha essa alcunha, se esquecera, ao negociá-lo, de ensinar ao novo comprador o nome do animal, e, na região, em tais casos, assim sucedia [...]

---

1. "La poésie, cette longue hésitation entre le son et le sens."

"Amos" rima com "anos", mas a rima aqui é propositada. O objetivo dessa escolha foi *desconstruir* a expressão "anos e anos", incluindo dentro dela a palavra "amos" que, significando "donos", já passa ao leitor a ideia de que cada dono atribuía um nome diferente ao burrinho.

Fernando Pessoa fez coisa parecida em um trecho do seu *Livro do Desassossego*, embora sem o efeito de trocadilho de Guimarães Rosa:

> Ah, não há saudades mais dolorosas do que as das coisas que nunca foram! O que eu sinto quando penso no passado, que tive no tempo real, quando choro sobre o cadáver da *vida* da minha infância *ida*[2].

Aqui, a palavra *vida* rima com *ida* e dá um final musical à frase.

Um outro exemplo feliz é o utilizado por José Cândido de Carvalho em seu livro *O Coronel e o Lobisomem*, ao descrever uma caçada de inhambus:

> Como fosse mês de inhambu, preparei espingarda de fogo delicado. [...] No caminho, num mato de boas madeiras, chamei inhambu no pio. Veio um, dois e *três*, e eu, fogo na barriga do *freguês*[3].

Aqui, a rima entre "três" e "freguês" acrescenta um achado sonoro ao efeito de sentido produzido pelo uso da metáfora "freguês", sugerindo ao leitor que caçadas desse tipo eram frequentes no "Sobradinho", fazenda de propriedade do caçador, o Coronel Ponciano de Azevedo Furtado.

---

2. Fernando Pessoa, *Livro do Desassossego*, pp. 83-84.
3. José Cândido de Carvalho, *O Coronel e o Lobisomem*, p. 68.

Em uma de suas fantásticas crônicas, Nelson Rodrigues faz um jogo explícito de palavras:

> Mas, no teatro moderno, a atriz *pensa* como nunca. E as que não *pensam pensam* que *pensam*. (Desculpem o jogo de palavras.)[4]

Aquilo que seria apenas a repetição do verbo "pensar" transformou-se num excelente recurso de estilo. Em outra crônica, Nelson usa a rima interna:

> Os jovens não estão mais interessados na nudez feminina. Essa rapaziada dourada de sol, esses latagões *plásticos, elásticos,* solidamente belos como havaianos não desejam como as gerações anteriores[5].

Um outro exemplo de repetição de palavras podemos encontrar no seguinte trecho de Rubem Alves:

> Preferiria ser acordado pelo *canto de um galo*. Porque *cantos de galos* são mais que *cantos de galos. Cantos de galo* são lugares onde moram universos inteiros, cenários e tempos que podem ser reconhecidos por aqueles que em algum tempo do passado moraram neles. Galos são arautos de um mundo. Seria bom ouvi-los de novo, pois então eu voltaria àqueles mundos onde vivi, e que agora moram infinitamente longe, no passado[6].

De novo, aquilo que seria apenas o defeito de repetir palavras torna-se um recurso poético.

No trecho a seguir, de *Grande Sertão: Veredas*, Guimarães Rosa explora a onomatopeia ou a imitação de sons naturais pela linguagem:

---

4. Nelson Rodrigues, *A Cabra Vadia*, p. 165.
5. *Idem*, p. 63.
6. Rubem Alves, *O Retorno e Terno*, p. 47.

O que era, era o bando do Ricardão, que quase próximo, que cercamos. Para acuar, só faltando cães! E demos inferno. Se travou. *Tiro estronda* muito, no meio do cerrado: se diz que é *estampido*, que é *rimbombo*. Tive noção de que morreram bastantes. Vencemos[7].

A sequência *tiro, estronda, estampido, rimbombo* procura reproduzir o barulho dos tiros no confronto armado entre dois bandos de jagunços.

Preste atenção, quando estiver lendo um bom livro, ao bom uso dos sons da linguagem. Você poderá aprender muito e, quando for escrever, acrescentar um pouco de musicalidade ao seu texto.

---

7. João Guimarães Rosa, *Grande Sertão: Veredas*, p. 119.

Segunda Parte

Escrevendo Ficção

1

Conselhos Iniciais

A primeira coisa a fazer, quando se pensa em escrever ficção, é pôr na cabeça que ninguém produz uma obra-prima na primeira vez em que escreve um conto ou um romance. Escrever ficção é como tocar um instrumento musical. Para se tornar um grande instrumentista, além de vocação e talento, são necessários muitos anos de estudo, prática e boa orientação.

Pelo menos de início, portanto, ninguém vai fazer grande literatura, escrevendo como Machado de Assis ou Guimarães Rosa. Há até mesmo pessoas que não querem tentar escrever uma grande obra literária, como é o caso de Dan Brown ou J. K. Rowling, que preferem escrever para grandes públicos com retorno financeiro muito maior, deixando para segundo plano a glória de um prêmio Nobel.

É importante ainda acrescentar que a chamada "grande literatura" pode conviver perfeitamente com outras de apelo popular. Segundo Márcia Abreu[1] a literatura erudita deve ser entendida como um conjunto de produções realizadas por um determinado grupo cultural e não como uma visão hegemônica que expressa a única leitura autorizada.

---

1. Márcia Abreu, *Cultura Letrada: Literatura e Leitura*, São Paulo, Unesp, 2006.

2

Primeiros Passos: As Ideias

As primeiras perguntas que costumam aparecer na cabeça de quem quer escrever são:

– De onde vem a inspiração?
– Como vou arrumar uma ideia original?

É preciso dizer que praticamente não há ideias originais. O que as torna originais é a maneira como as desenvolvemos. E o que chamamos inspiração não é aquela ideia genial, novinha em folha, que brota de repente dentro do cérebro de alguém. Ela é fruto de um trabalho de criação a partir de alguma coisa mínima, um acontecimento, uma observação pessoal. Isso, quando a fonte é aquilo que chamamos IDEIA PESSOAL.

O ponto de partida de uma ideia pessoal pode ser qualquer circunstância: o comportamento de um amigo ou conhecido, um fato de sua vida, de nossa vida, um ambiente qualquer, um diálogo ouvido por acaso. Para obter essas ideias, você tem de ser capaz de "absorver" o mundo ao seu redor. Vendo um jogo de tênis, o genial cineasta Woody Allen prestou atenção a uma situação que às vezes acontece em jogos dessa natureza: a bolinha rebatida por um dos jogadores bateu no topo da rede da quadra e, por uma fração de segundo, "ficou indecisa" sobre o lado da quadra em que iria cair. Caiu, afinal, do lado da quadra do adversário, dando a vitória ao jogador que a havia rebatido. A partir da observação dessa jogada, o cineasta criou um de seus melhores filmes: *Match Point*, em que o final inesperado acaba sendo o resultado de um lance semelhante, de pura sorte.

Saint-Exupéry, depois de ter escrito suas experiências como piloto do Correio Aéreo francês em *Terra dos Homens*, publicado em 1939, pôs foco em dois acontecimentos. O primeiro deles foi um pouso feito durante um voo entre Casablanca e Dakar, na superfície branca de um platô formado por fragmentos de milhares de conchas. Diz ele em *Terra dos Homens*[1]:

> Sentia uma alegria talvez pueril em marcar com meus passos um território que ninguém nunca, nem homem, nem bicho ainda havia pisado.

Logo a seguir:

> Uma estrela já brilhava, e eu a contemplei. Imaginei que aquela superfície branca, em que me achava, havia estado ali, feito uma oferta, perante os astros somente durante centenas de milhares de anos. Lençol imaculado estendido sob a pureza do céu. E senti alguma coisa no coração, assim como no limiar de uma grande descoberta, quando descobri sobre esse lençol, a quinze ou vinte metros de mim, um pedaço de pedra negra. [...] O coração batendo com força, abaixei-me para apanhar o meu achado: um pedaço de pedra dura, negra, do tamanho de um punho, pesada como metal, em forma de lágrima.

1. Antoine de Saint-Exupéry, *Terra dos Homens*, trad. de Rubem Braga, p. 47.

Um lençol estendido sob uma macieira só pode receber maçãs; um lençol estendido sob as estrelas só pode receber poeira dos astros. Nunca nenhum aerólito havia mostrado a sua origem com uma tal evidência.

Mais à frente, quase no final desse mesmo livro, narra uma viagem por estrada de ferro, dentro da França, em um vagão que transportava mineiros poloneses de volta à pátria. Observando aqueles semblantes cansados do trabalho duro das minas, ainda sujos de carvão, Saint-Exupéry põe seu olhar em um menino que dormia deitado no colo da mãe:

> Entre o homem e a mulher, a criança, bem ou mal, havia se alojado, e dormia. Volta-se, porém, no sono, e seu rosto me aparece sob a luz da lâmpada. Ah, que lindo rosto! Havia nascido daquele casal uma espécie de fruto dourado. [...] Inclinei-me sobre a testa lisa, a pequena boca ingênua. E disse comigo mesmo: eis a face de um músico, eis Mozart criança, eis uma bela promessa da vida. Não são diferentes dele os belos príncipes das lendas. Protegido, educado, cultivado, que não seria ele?[2]

Mas, diante daquela crua realidade, conclui: "É Mozart assassinado" [*Mozart est condamné*]. E diz ainda, terminando o livro:

> Só o Espírito, soprando sobre a argila, pode criar o Homem.

Pois foi a partir da fusão dessas duas experiências que o autor se inspirou para escrever *O Pequeno Príncipe*. A ideia genial nasceu do desejo de salvar aquela criança, pelo menos em pensamento. Unindo a imagem do meteorito caído do

---

2. *Idem*, pp. 144-155.

céu em pleno deserto e a figura daquela criança loira, Saint-Exupéry criou o pequeno príncipe, uma espécie de seu duplo, com quem conversa sobre a natureza e o destino dos homens. "Tenho sérias razões para supor que o planeta de onde viera o príncipe era o asteroide B 612"[3], diz o narrador, logo no início do livro. Foi dessa maneira que ele soprou sobre a argila da união entre a criança e o aerólito e fez nascer um dos personagens mais doces e lúcidos da sua literatura.

Uma outra fonte de ideias é a leitura de jornais e revistas. A ideia que resultou no grande romance francês *O Vermelho e o Negro* foi uma notícia policial lida num jornal por Stendhal. É preciso fazer leituras procurando ideias e anotando-as. A notícia de um atraso de aviões nos aeroportos pode dar origem, por exemplo, a uma história de encontro entre dois profissionais de uma mesma área, em que um deles consegue passar importantes informações para que o outro consiga um tremendo sucesso em sua empresa, ou a história do encontro de duas pessoas que acabam se envolvendo etc. etc. A lista é praticamente infinita.

Outra fonte são as grandes obras clássicas de ficção. Afinal, Camões escreveu *Os Lusíadas* inspirado na *Eneida* de Virgílio, que, por sua vez, escreveu a *Eneida* inspirado na *Odisseia* de Homero. Isso não significa plágio, absolutamente. Se não houvesse esse tipo de inspiração, haveria bem menos histórias policiais e romances de amor. Que tal imaginar uma história como:

> Um jovem engenheiro brasileiro trabalhando no Iraque, em 2003, acabara de receber um fabuloso prêmio em dinheiro do então

---

3. Antoine de Saint-Exupéry, *O Pequeno Príncipe*, p. 19.

governo Sadam Hussein, por ter conseguido desenvolver um novo processo de extração de petróleo bem mais econômico que os usuais, o qual, em um ano, havia economizado um bilhão de dólares ao país. Decidindo passar um fim de semana fazendo turismo na Jordânia, para lá se dirige de carro. Quando tenta regressar, as fronteiras estão fechadas. As tropas americanas tinham começado a atacar o Iraque. Sem poder fazer nada, bate à porta de uma casa jordaniana e é recebido por uma bela mulher norte-americana cujo marido, jordaniano, trabalhava como engenheiro para o exército iraquiano e, pelo mesmo motivo do fechamento das fronteiras, não tinha podido voltar. É recebido como hóspede temporário, mas, com o prosseguimento da guerra, continua a ficar lá à espera de notícias, sem poder comunicar-se com sua empresa nem com sua esposa no Brasil, pois as comunicações estavam cortadas. Até que, certo dia, um refugiado traz a notícia de que o marido da norte-americana havia morrido em um ataque. Em pouco tempo, surge um romance entre os dois que dura quase um ano. Consolidada a vitória americana, abertas as fronteiras, o brasileiro se despede e volta ao Brasil. Chegando aqui, descobre que havia notícias de que ele tinha sido capturado e morto em um ataque à empresa em que trabalhava. Chegando em casa, encontra sua mulher na companhia de um de seus melhores amigos que, imaginando-o morto, cortejava insistentemente a esposa. Depois de muito constrangimento, explicações e explosões de alegria pelo reencontro, o casal volta a viver junto. Dias depois, ele vai ao banco e constata que tinha havido tempo: o prêmio de quinze milhões de dólares, pago pelo governo iraquiano deposto, estava em sua conta corrente.

Bem, esse breve relato foi esboçado com base na *Odisseia* de Homero. O engenheiro brasileiro vitorioso foi baseado em Ulisses, sua amante em Circe, sua mulher, em Penélope e seu país, em Ítaca. Não é simples?

Se você não leu ou não conhece a *Odisseia*, faço aqui um resumo: trata-se de uma narrativa clássica da literatura grega, criada por Homero, que conta a viagem de Ulisses (Odisseu) de volta a Ítaca, sua pátria, depois de ter construído o cavalo de madeira com que Troia fora vencida. Durante essa viagem, entre muitas peripécias, passa por uma ilha onde conhece uma bela feiticeira chamada Circe, que o retém durante um ano, ao fim do qual ele consegue retornar ao lar, tendo, como tarefa final, liquidar os pretendentes à mão de Penélope, sua esposa.

Uma outra fonte de ideias é uma solicitação feita por alguém. Uma editora pode solicitar a um escritor histórias infantis envolvendo uma garota com deficiência física ou que trate do ensino de matemática de maneira divertida. Um exemplo clássico é o pedido feito a Gil Vicente por nobres da corte portuguesa do século XVI que, cansados de serem desmoralizados em suas peças, o acusavam de plagiador do teatro espanhol. Para colocá-lo em apuros, solicitaram-lhe que escrevesse uma peça a partir do seguinte dito popular: "Mais quero asno que me carregue que cavalo que me derrube". Com base nesse desafio, Gil Vicente compôs a *Farsa de Inês Pereira*, que foi encenada com grande sucesso para o Rei Dom João III, no convento de Tomar em Portugal, em 1523.

3

Passo Seguinte: Sinopse e Escolha do Gênero

Depois que você conseguiu selecionar uma boa ideia, é preciso fazer uma sinopse, um resumo sintético da história. Isso é muito importante, mesmo que decida, no curso do seu trabalho, mudar o rumo dos acontecimentos. É importante, porque vai orientá-lo na condução da narrativa e na caracterização dos personagens. Uma boa sinopse deve ter, em média, cinco linhas. Um bom resumo da história utilizada há pouco para exemplificar ideias extraídas de obras de ficção pode ser o seguinte texto:

> Um engenheiro brasileiro casado no Brasil e que trabalhava com grande sucesso no Iraque fica isolado em uma cidadezinha da Jordânia, por causa da guerra, e encontra uma mulher cujo marido está no Iraque e vem a falecer. Apaixonam-se mas, depois da guerra, volta ao Brasil e reencontra-se com a sua esposa.

O próximo passo é inserir a sua história dentro de um gênero. A divisão clássica vem do teatro grego e é binária: DRAMA ou COMÉDIA. Mas, quando você entra em um provedor de *streaming*, como a Netflix ou Apple TV, percebe que há subdivisões importantes. Um drama pode ser caracterizado como romance, guerra, policial, aventura, faroeste; uma comédia como comédia de costumes, comédia juvenil, infantil etc. Há ainda outras subdivisões: uma aventura pode ser uma aventura de exploração ou de ficção científica, por exemplo. Existe ainda a possibilidade de mistura de alguns gêneros, como romance e aventura, que é o gênero dentro do qual pode ser inserida a sinopse anterior.

É preciso atenção, porém, para a incompatibilidade entre drama e comédia. Se você começa a escrever um drama de guerra e, de repente, muda para comédia, a verossimilhança vai para a lata de lixo. Isso não impede que, em um drama romântico ou em uma aventura, haja uma ou outra cena engraçada. Isso acontece, por exemplo, nos filmes de James Bond, sobretudo quando o protagonista tem uma tirada irônica. Aqui vai um exemplo: o famoso personagem criado por Ian Fleming foi caracterizado, sobretudo nos filmes protagonizados pelo ator Sean Connery, como alguém extremamente refinado que, quando pedia um Martini, explicitava: "– Mexido apenas, não batido". No filme *Cassino Royale*, o primeiro da série estrelado pelo ator Daniel Craig, James está sob forte tensão disputando um jogo de pôquer em um cassino. Abandona a mesa por uns momentos, dirige-se ao bar e pede um Martini. Diante da pergunta do *barman*: "– Batido ou mexido?", responde: "– De qualquer jeito! Qual a diferença?" Somente os espectadores que conhecem a sofisticada tradição da primeira versão do famoso agente inglês percebem a ironia e esboçam um sorriso.

4

Os Personagens

Os personagens são a alma de uma narrativa. É em função deles que existe o conflito. Normalmente, há quatro tipos de personagem: o protagonista, o antagonista, os coadjuvantes e os extras.

O protagonista é o personagem central, aquele em torno do qual se desenrola a narrativa. Geralmente, é o "mocinho", o *nice guy*. Do lado oposto, está o antagonista (ou antagonistas), aquele ou aqueles que procuram, o tempo todo, impedir que o protagonista consiga realizar seu objetivo. É o *bad guy*, aquele que deve ser odiado pelo leitor e que, em algum momento, recebe o castigo merecido. Os coadjuvantes são aqueles que participam de maneira secundária na narrativa. Os extras são personagens secundários que não têm nenhum impacto na história, como um garçom ou um motorista, por exemplo.

Onde buscar os personagens? Olhe ao seu redor, procurando prestar atenção às pessoas. Normalmente, não temos esse costume. Andamos pelas ruas, percorremos os corredores dos edifícios que frequentamos sem nos dar conta das pessoas. Cumprimentamos as que conhecemos, chegamos perto daquelas com quem devemos manter contato e todas as outras ficam praticamente invisíveis. Comece a fazer exercícios de observação de pessoas. Preste atenção àquela garota de calças *jeans* e blusa verde sentada à mesa de um bar ou da cantina da escola. Observe suas expressões faciais enquanto ela conversa com uma amiga. Observe aquelas duas faxineiras que mergulham seus panos de chão dentro de um balde. Observe, no trânsito, aquele jovem dentro do carro que tenta disfarçar o uso do celular diante da aproximação de um fiscal de trânsito. Observe o fiscal de trânsito, seu uniforme, seu bloco de multas, sua expressão de autoridade estampada sob o quepe.

Grandes escritores fizeram isso, até mesmo como passatempo, como o grande escritor israelense Amós Oz, inúmeras vezes indicado para o prêmio Nobel:

> E digo-lhes que este é um passatempo útil, não apenas para um romancista, não apenas para um escritor, mas para cada um de nós. Tanta coisa está acontecendo em cada esquina, em cada fila num ponto de ônibus, em cada sala de espera de uma clínica, em cada café... Tanto de humanidade, de fato, cruza nosso campo de visibilidade todo dia, e, na maior parte do tempo, estamos desinteressados, nem percebemos, vemos silhuetas em vez de pessoas verdadeiras. Então, se você adotar o hábito de observar estranhos, e se tiver sorte, acabará escrevendo histórias fantasiando o que as pessoas fazem umas às outras, como pertencem umas às outras. Se não, você ainda obtém um bom passatempo e um sorvete no final; é um jogo sem perdedor[1].

Ponha as pessoas que você observou em outros cenários, imagine situações diferentes daquelas em que as observou e imagine como agiriam. Como agiria a garota de blusa verde se fosse abordada por um pedinte, ou por um rapaz

---

1. Amós Oz, *Contra o Fanatismo*, p. 80.

feio que lhe oferecesse uma flor? Como reagiria o policial de trânsito diante de um brutamontes que lhe tirasse o bloco de multas da mão e o atirasse para o alto?

Faça anotações. Crie uma espécie de arquivo pessoal de onde tirar pessoas reais para suas histórias.

Procure personagens em fotos de revistas ou jornais. Aquele velho senhor que aparece em pé, ajeitando os óculos, junto ao caixa do banco em uma foto, poderia perfeitamente ser coadjuvante em um conto sobre alguém que vai a um banco retirar uma grande importância em dinheiro e morre de medo de ser assaltado. Aquela outra foto de uma garota linda e bem-vestida pode servir de modelo para a descrição física de uma mulher apaixonada. Observe as roupas que ela veste. Procure descrevê-las. Se não consegue, peça auxílio a alguém que conheça roupas femininas.

Para descrever seus personagens, você deve trabalhar em dois níveis. No primeiro deles, você deve levar em conta os seguintes fatores:

> Aparência física
> Família
> Escolaridade
> Profissão
> Hábitos
> Amigos

Depois disso, sobretudo se se trata do protagonista ou antagonista, é importante levar em conta também:

> Desejos
> Medos
> Religião

Segredos
Infância
Sexualidade

Mesmo que você não vá usar todas essas informações, é importante tê-las à mão. Quando puser um personagem em cena, ele parecerá mais real.

Formas de Apresentação

Um personagem é caracterizado pela sua aparência, ação, fala e pensamento. Você pode descrever a aparência física de um personagem e também aquilo que ele pensa e como age. Mas, na maioria das vezes, o seu texto ganha mais realismo se você o puser em ação e deixar o leitor tirar suas próprias conclusões. Em vez de dizer que seu personagem é um amoral, você pode colocá-lo em ação, mentindo, por exemplo, para prejudicar uma pessoa inocente. Veja a maneira como Nelson Rodrigues caracteriza um de seus famosos personagens, o Palhares:

> O misterioso Palhares era simplesmente o Palhares. Eu o conhecia sim, e de longa data; e mais: – eu o vira de calças curtas, roubando goiabas. [...] De mais a mais o nosso herói é conhecidíssimo do leitor. Várias vezes, aqui mesmo, nesta coluna, narrei o seu maior feito. Se vocês não se lembram, posso repetir. Eis o episódio: – certa vez, o Palhares cruza com a cunhada no corredor. Não diz nada. Segura a mocinha e dá-lhe um beijo no pescoço. Ali, inaugurou-se um novo canalha. Não sei por inconfidência de quem, a torpeza espalhou-se. E quando o Palhares passava, havia o cochicho estarrecido: – "O que não respeita nem as cunhadas!"
> Vivemos uma época tão surpreendente que a vil audácia foi de uma prodigiosa e fulminante eficácia promocional. Todas as portas se

abriram para o canalha. No emprego, por coincidência ou não, o chefe aumentou-lhe o ordenado. Certa vez, fui a um aniversário. Estava lá o Palhares. Tão cínico que, a um canto, perto da janela, cheirava uma camélia. Não era camélia, mas vá lá[2].

Logo no início de seu mais conhecido romance, *O Coronel e o Lobisomem*, José Cândido de Carvalho descreve o herói em ponto de vista de primeira pessoa (logo conversaremos sobre pontos de vista narrativos) mesclando descrição direta e ação:

> A bem dizer, sou Ponciano de Azeredo Furtado, coronel de patente, do que tenho honra e faço alarde. Herdei do meu avô Simeão terras de muitas medidas, gado do mais gordo, pasto do mais fino. Leio no corrente da vista e até uns latins arranhei em tempos verdes da infância, com uns padres-mestres a dez tostões por mês. Digo, modéstia de lado, que já discuti e joguei no assoalho do Foro mais de um doutor formado. Mas disso não faço glória, pois sou sujeito lavado de vaidade, mimoso no trato, de palavra educada. Já morreu o antigamente em que Ponciano mandava saber nos ermos se havia um caso de lobisomem a sanar ou pronta justiça a ministrar. Só de uma regalia não abri mão nesses anos todos de pasto e vento: a de falar alto, sem freio nos dentes, sem medir consideração, seja em compartimento do governo, seja em sala de desembargador. Trato as partes no macio, em jeito de moça. Se não recebo cortesia de igual porte, abro o peito:
> – Seu filho de égua, que pensa que é?[3]

A descrição de um personagem pode ser feita de maneira bastante criativa, utilizando as estratégias de projeção que estão descritas na primeira parte do livro, como faz Marcelo Gleiser no início do seu romance *A Harmonia do Mundo*:

---

2. Nelson Rodrigues, *A Cabra Vadia*, p. 115.
3. José Cândido de Carvalho, *O Coronel e o Lobisomem*, p. 3.

Ludwig, o médico. Sempre impecavelmente vestido, barba e cabelos ruivos meticulosamente aparados, unhas limpas. Maestlin nunca confiou nele. Alguém tão dedicado à aparência decerto esconde algo. Aquele filho fazia-o pensar nas primeiras amoras da primavera, tão amargas que só podiam ser comidas depois de mergulhadas em mel[4].

Logo depois de descrever a aparência física de Ludwig e tecer um comentário negativo, Gleiser faz a projeção dele, por comparação, em uma amora amarga da primavera, induzindo, de modo multimodal, o sentido do paladar.

Batismo do Personagem

O nome de um personagem deve estar em harmonia com seu papel na narrativa. O nome Ponciano de Azeredo Furtado caiu como uma luva no herói de *O Coronel e o Lobisomem*. É óbvio, portanto, que você deve evitar batizar seu protagonista de João da Silva ou Maria da Silva. Deve evitar, também, escolher nomes muito próximos, foneticamente, como chamar Márcia a um personagem, Mércia a um outro e ainda Marta a um terceiro. Isso confundiria o leitor.

O nome de um personagem tem relação, também, com sua origem social e época de nascimento. Seria bastante esquisito chamar uma velha senhora "paulista de quatrocentos anos" de Daiane ou Valdete. Talvez você possa chamá-la de Maria das Graças. Ficaria mais verossímil.

Algumas raras vezes, o autor pode não atribuir nome algum aos personagens. Foi o que fez José Saramago no seu *Ensaio sobre a Cegueira*. Os personagens são chamados de "o

---

4. Marcelo Gleiser, *A Harmonia do Mundo*, p. 11.

médico", "a mulher do médico", "a rapariga dos óculos escuros", "o velho de venda preta", "o rapazinho estrábico". Até mesmo um cão recebe um nome surgido da circunstância de ter lambido as lágrimas da mulher do médico em um momento em que ela estava desesperada, sentada na rua: "o cão das lágrimas". Vejamos, a título de exemplo, um trecho em que aparecem alguns desses personagens:

> Eu farei o mesmo, disse a rapariga dos óculos escuros. Minutos depois, já sozinhos, o médico foi sentar-se ao lado da mulher, o rapazinho estrábico dormitava num canto do sofá, o cão das lágrimas, deitado, com o focinho sobre as patas dianteiras, abria e fechava os olhos de vez em quando para mostrar que continuava vigilante[5].

---

5. José Saramago, *Ensaio sobre a Cegueira*, p. 309.

5

Tempo e Espaço

Em que época acontece a história que você vai contar? Nos dias de hoje, ou no início do século passado? Quanto tempo dura? 24 horas? Uma semana, um ano, uma vida inteira? Essas escolhas serão muito importantes, porque delas dependerão a natureza dos personagens, seus relacionamentos, suas limitações de locomoção. Em uma história cuja ação se passa nos dias de hoje, um personagem que está no Rio de Janeiro e cujo pai se encontra em Nova York pode ligar para ele usando o telefone celular e encontrá-lo, pessoalmente, em menos de 24 horas. Se a história acontece em 1900, é necessário escrever uma carta, colocá-la no correio, esperar dois meses para resposta e viajar por semanas até o encontro pessoal. Só a título de curiosidade, quando Napoleão morreu na ilha de Santa Helena, uma ilha remota no oceano Atlântico, em 5 de maio de 1821, a notícia demorou três meses para chegar à França. Quando o homem chegou à Lua em 1969 – e isso já faz um bocado de tempo –, o mundo inteiro pôde assistir ao vivo a esse fato.

No século XVII, os autores do teatro clássico francês submetiam-se à chamada *lei das três unidades* (ação, lugar e tempo). Segundo a unidade de ação, todos os eventos deviam estar necessariamente ligados, do início ao fim, à ação principal. Segundo a unidade de lugar, toda a ação deveria desenrolar-se dentro de um mesmo lugar (um aposento de palácio para uma tragédia, um interior de casa burguesa para uma comédia). Segundo a unidade de tempo, a ação devia circunscrever-se a uma revolução solar (24h) ou, preferivelmente, à duração da própria representação teatral. Os teóricos da época acreditavam que essas leis garantiam a verossimilhança da obra. A partir do romantismo, a lei das três unidades foi abolida.

Quando escrevemos um texto de ficção, devemos respeitar os conhecimentos científicos e as convenções da época em que situamos nossa narração. Quem ficava tuberculoso, no século XIX, não podia ser medicado com antibióticos. Ou morria como quase todos que adquiriam essa enfermidade, ou a cura acontecia por um quase-milagre. É preciso saber, também, que, nessa mesma época, a mulher era alvo de um sem-número de preconceitos. Apenas a título de ilustração, compare a definição de *homem* com a definição de *mulher* em um famoso dicionário do século XVIII[1]:

> HOMEM. Criatura, que tem natureza humana, Animal racional, capaz da Graça divina & da Glória eterna. Aos moços não menos que aos velhos compete o nome de Homem, porque dignifica toda a espécie em geral. [...] o homem é um Deos terrestre mortal, assim como Deos he um homem célebre, immortal.
>
> MOLHER, ou mulher. Creatura racional do sexo feminino. Concebe dentro de si, & pare. Escreve Salomão, que entre mil homens achará hum bom, entre todas as mulheres, nenhuma boa. Diphillo, famoso Architecto da Antiguidade, costumava dizer, que huma boa mulher, huma boa mula & huma boa cabra, eram tres mais bestas.

1. Bluteau, *Vocabulário Portuguez e Latino*, século XVIII.

Dizia Sócrates, que huma mulher fermosa, & bem composta, era hum altar armado sobre hum monturo[2].

Alguns autores utilizam, propositadamente, um momento temporal que possa participar do componente dramático da ação. É o que acontece no famoso filme *Casablanca*. A ação dramática depende crucialmente do fato de os acontecimentos se desenrolarem durante a Segunda Guerra Mundial, época em que, para se viajar, eram necessárias permissões especiais chamadas salvos-condutos.

Quanto ao espaço, é preciso saber em que lugar acontece a ação da história. Na cidade? No campo? No Rio de Janeiro? No Iraque? A bordo de um porta-aviões em zona de guerra? Dentro de uma estação espacial? É preciso descrever com propriedade os locais onde se dá a ação. Caso contrário, a história perde credibilidade. Em um filme americano parcialmente rodado no Brasil, havia uma cena em que, ao cair da tarde, uma personagem saía de um hotel no Rio de Janeiro para dar um passeiozinho pela selva amazônica antes do jantar (!!??).

Os contos e romances de Machado de Assis têm como palco a cidade do Rio de Janeiro, que ele conhecia muito bem. O Passeio Público, a Rua do Ouvidor, o cais Pharoux, alguns bairros cariocas aparecem em muitas de suas narrativas, incluindo as crônicas.

Alguém dirá que seria melhor conhecer pessoalmente os locais em que se dará a ação. É o que fez Dan Brown, quando escreveu *O Código da Vinci*. Mas nem sempre isso

---

2. Lugar onde se deposita o lixo.

é possível. A grande vantagem é que hoje podemos fazer pesquisas na Internet – inclusive utilizando o *Google Earth* – e conseguir informações preciosas sobre países e cidades que, há algum tempo, seriam acessíveis apenas a quem para lá viajasse. Devemos, contudo, ter consciência das limitações. Afinal, seria muito difícil descrever o cheiro da Capela Sistina ou dos canais de Veneza, utilizando apenas a Internet.

Da mesma forma que a temporalidade pode interferir na ação dramática, o local da narração também pode ter esse efeito, com menor ou maior intensidade. Um exemplo clássico é *Vidas Secas* de Graciliano Ramos. Outro: *Grande Sertão: Veredas* de João Guimarães Rosa.

Tão importante quanto conhecer a geografia dos lugares que servirão a você de cenário é conhecer o universo das pessoas que vivem por lá: seus hábitos de consumo, sua forma de ganhar a vida, seus passeios e problemas. Isso pode dar cor local ao seu trabalho, enriquecendo-o. Narrando uma história que se passe em São Luís, capital do Estado do Maranhão, você pode dizer que um personagem num restaurante pediu uma coca-cola. Mas, talvez a história ficasse mais interessante se ele pedisse um guaraná Jesus, um refrigerante bastante popular na região. Você se lembra de um filme de James Bond, em que, em uma viagem a Cuba, ele pede um Mojito[3] em vez do seu habitual Martini?

Um outro aspecto importante é levar em conta o tempo meteorológico. Momentos importantes da história podem

---

3. Coquetel de rum, limão e folhas de hortelã, originário de Cuba e inventado no famoso bar La Bodeguita del Medio, em Havana, nos anos de 1940 e que era muito apreciado pelo escritor Ernest Hemingway.

acontecer numa manhã quente de sol, ou em uma noite de tempestade, ou em dia de inverno rigoroso. Para criar um clima especial, romântico, entre os protagonistas Werther e Carlota, Goethe escolheu uma tempestade no momento em que acontecia um baile:

> Antes de findar a dança, os relâmpagos, que vimos por muito tempo iluminar o horizonte, mas que se havia atribuído à calmaria, tornaram-se mais frequentes e o estrondo dos trovões abafou a música. Três damas abandonaram precipitadamente os seus lugares, seguidas pelos cavalheiros, a desordem generalizou-se e a música parou. É natural que toda calamidade, todas as aflições que nos surpreendam em meio do prazer façam em nós uma impressão mais forte do que em qualquer outro momento, não só porque sentimos mais fortemente o contraste, como porque os nossos sentidos, já despertados à emoção, ficam muito mais impressionáveis[4].

Logo depois de um jogo criado por Carlota para diminuir o medo e a tensão da tempestade, Goethe narra o encontro amoroso dos dois, a sós:

> Aproximamo-nos da janela. Os trovões continuavam, mas cada vez mais distantes, e uma chuva deliciosa começou a cair, fazendo um agradável ruído; subiam até nós bafagens de ar tépido e carregado de um cheiro vivificante. Ela estava apoiada sobre o cotovelo, olhando a campanha; ergueu o olhar para o céu e, em seguida, para mim. Notei que seus olhos estavam banhados de lágrimas. Ela colocou a mão sobre a minha e exclamou: "Ó Klopstock!"[5] Lembrei-me imediatamente da ode magnífica em que Carlota pensava e abandonei-me às emo-

---

4. Johann Wolfgang von Goethe, *Werther*, pp. 307-308.
5. Friedrich Gottlieb Klopstock foi um poeta alemão (Quedlinburg, 2 jul. 1724 – Hamburgo, 14 mar. 1803). Foi consagrado precocemente por suas odes intituladas *An Meine Freund*.

ções que só aquela palavra despertou em mim. Sem poder conter-me, curvei-me sobre a sua mão, cobrindo-a de beijos e de lágrimas; depois, meus olhos procuraram novamente os dela...[6]

Não é difícil perceber a importância da tempestade na criação do clima de excitação dos sentidos, cenário perfeito para a aproximação dos dois jovens enamorados.

---

6. Johann Wolfgang von Goethe, *Werther*, p. 309.

6

O CONFLITO: ESTRUTURA DOS *PLOTS*

Um *plot* consiste na sequência de eventos que desenvolve um conflito. Possui três partes: SITUAÇÃO, COMPLICAÇÃO e SOLUÇÃO. Para criar *plots*, você precisa entender a diferença básica que existe entre a vida real e uma história de ficção. Enquanto a vida real é morna, monótona, vinculada quase sempre ao tédio de uma rotina descolorida, um texto de ficção tem de ser algo completamente oposto, tem de mostrar sempre uma fascinante sequência de eventos, criar suspense, tensão. Como disse uma vez Ariano Suassuna, "o que é bom de ser vivido não é bom de ser contado". No *Dom Casmurro* de Machado de Assis, temos dois *plots* principais, desenvolvendo cada um o seu conflito. A primeira parte do romance é construída pelo *plot* do casamento. A situação é criada pelo amor entre dois jovens vizinhos, Bentinho e Capitu. A complicação ocorre pelo obstáculo a esse amor: o fato de Bentinho estar destinado a ser padre, em virtude de uma promessa feita por Dona Glória, sua mãe. A solução é a remoção desse obstáculo: Dona Glória se convence de que, dando uma bolsa de estudos a um outro garoto que quisesse ser padre, a promessa estaria cumprida. Assim, Bentinho casa-se com Capitu. O romance poderia ter parado aí. Machado de Assis poderia, se quisesse, "ter recheado" mais esse *plot* e pôr o ponto final no romance. Mas, sua criatividade e seu gênio o fizeram escrever uma segunda parte, desenvolvendo outro *plot*: o da traição. A situação, agora, é a amizade entre os casais Bentinho × Capitu e Escobar × Sancha. A complicação é a suspeita de traição de Capitu com Escobar. A solução é a dissolução do casamento entre Bentinho e Capitu, desencadeada pela convicção de Bentinho de que o verdadeiro pai de Ezequiel, seu filho, seria o amigo Escobar.

A situação de um *plot* é, quase sempre, definida por um desejo ou propósito do protagonista. Pode ser o desejo de algo objetivo, como conseguir casar com alguém, conseguir um emprego, ficar milionário, ou algo subjetivo como encontrar um sentido para sua própria vida. O conflito é materializado por obstáculos produzidos por pessoas ou eventos que tentam impedir a realização desse desejo. É importante que esses obstáculos sejam progressivos e constantes. O suspense de uma narrativa tem seus alicerces plantados sobre duas forças opostas que devem crescer continuamente: os obstáculos ao desejo do protagonista e suas ações para destruí-los. É importante, também, que a solução seja sempre o resultado da ação do protagonista e, apenas excepcionalmente, fruto do mero acaso. É necessário, também, que um conflito seja interno e não apenas vinculado a ações externas. Veja o texto a seguir, em que Machado desenvolve o conflito interno de Bentinho, motivado pela semelhança entre seu filho Ezequiel e o finado amigo Escobar:

> Ezequiel vivia agora mais fora da minha vista; mas a volta dele, ao fim das semanas, ou pelo descostume em que eu ficava, ou porque o tempo fosse andando e completando a semelhança, era a volta de Escobar mais vivo e ruidoso. Até a voz, dentro de pouco, já me parecia

a mesma. Aos sábados, buscava não andar em casa e só entrar quando ele estivesse dormindo; mas não escapava ao domingo, no gabinete, quando eu me achava entre jornais e autos. Ezequiel entrava turbulento, expansivo, cheio de riso e de amor, porque o demo do pequeno cada vez morria mais por mim. Eu, a falar verdade, sentia agora uma aversão que mal podia disfarçar, tanto a ela como aos outros. Não podendo encobrir inteiramente esta disposição moral, cuidava de me não fazer encontradiço com ele, ou só o menos que pudesse; ora tinha trabalho que me obrigava a fechar o gabinete, ora saía ao domingo para ir passear pela cidade e arrabaldes o meu mal secreto[1].

No início de uma narrativa, é importante pôr o leitor direto dentro do conflito ou da complicação. Nunca comece uma história escrevendo dez páginas descritivas para somente depois fazer alguma coisa importante acontecer. É claro que, ao principiar diretamente dentro do conflito, você deverá acrescentar as informações necessárias ao leitor para que ele entenda o que está ocorrendo, mas diga apenas o indispensável. Nada mais.

O desenvolvimento do conflito – espaço entre a complicação e a solução – é o cenário onde se desenvolve o embate entre as forças que impedem o protagonista de conseguir seus objetivos e as que o auxiliam. É o momento em que surgem obstáculos, em que cresce o conflito. Isso deve ser feito sempre dentro do princípio causa-efeito e apenas ocasionalmente pelo mero acaso. Afinal, no mundo da ficção, as grandes mudanças devem surgir pela ação dos personagens.

---

1. Joaquim Maria Machado de Assis, *Dom Casmurro*, p. 933.

Emocionando

No decorrer de um *plot*, sobretudo no desenvolvimento do conflito, é importante criar uma identificação entre o leitor e o protagonista. Isso se faz por meio da emoção, que acontece, sobretudo, quando conseguimos fazer com que o leitor projete seus sentimentos nas ações que narramos. Pense em emoções como ciúme, humilhação, vingança, amor, ódio, terror. Segundo os modernos estudos em neurociência, as emoções atingem o nosso sistema límbico em frações de segundo antes que nosso córtex cerebral nos leve a raciocinar sobre a situação que as provocou. Essa rapidez foi extremamente importante ao longo da nossa evolução, uma vez que, por causa dela, nossos antepassados puderam ter maiores chances de sobrevivência ao reagir a tempo, por exemplo, à ameaça de um predador. Infelizmente, ela também é responsável, mesmo nos dias de hoje, por muitas situações indesejáveis, como a de um acidente de trânsito banal evoluir para um conflito de maiores proporções, podendo até mesmo ocasionar a morte de um dos participantes.

Quer ver como o fenômeno da emoção se aplica à ficção? Imagine que você esteja assistindo a um filme de suspense. Em termos racionais, você sabe que tudo o que está acontecendo na tela do cinema ou da televisão é irreal, mas, como a mensagem emocional vem até você em frações de segundo antes da constatação racional, você sente na própria pele e sofre, com igual intensidade, o perigo enfrentado pelos personagens.

Veja o que diz a esse respeito Lajos Egri em seu famoso livro *The Art of Creative Writing*:

É aqui que a inteligência do escritor é testada ao máximo. O primeiro passo é fazer seu leitor ou espectador identificar seu personagem como alguém que ele conhece. Segundo passo – se o autor pode fazer o público imaginar que o que está acontecendo pode acontecer com ele, a situação será invadida de forte emoção e o espectador experimentará uma sensação tão grande que ele se sentirá não como um espectador, mas como participante de um emocionante drama diante dele[2].

Note que eu fiz referência, há pouco, a *uma cena* e não a *um relato*. Uma coisa é dizer que fulano foi extremamente humilhado, outra, bastante diferente, é descrever, narrar como isso aconteceu.

As situações emocionais que mais nos levam à identificação são as da humilhação e da vingança. Não é à toa que as novelas de televisão costumam explorar esse veio. O capítulo da vingança, em que um herói ou a heroína dá uma surra no antagonista, costuma elevar os índices de audiência bem acima dos outros dias. Em seu romance *Diário de um Cavaleiro Templário*, Orlando Paes Filho escreve, logo no início do conflito, uma cena de humilhação que tem como protagonista o jovem Robert que tinha aspirações de se tornar, um dia, cavaleiro:

> O dia seguinte chegou e postei-me diante do bispo. Ele insistiu em me aparar como cavaleiro e a usar um longo escudo. Seus soldados estavam ao nosso redor e exibiam sorrisos nada confortadores. Lorde Henry usava um hábito vermelho com uma cruz branca. Parecia um cruzado. Sua cintura estava cingida por um cinturão dourado, cravejado de pedras preciosas que seguravam uma longa e magnífica espada.
> Seus soldados me entregaram uma espada menor que a do bispo, porém muito maior que a minha e muito mais pesada. Pensei que

---

2. Lajos Egri, *The Art of Creative Writing*, p. 19. (A tradução é minha.)

aquele treinamento poderia transformar-se em um pesadelo. E foi o que aconteceu.

Seus longos golpes faziam girar o vento sobre minha cabeça. Quando batiam contra meu escudo, eram coices de um cavalo. Eu voei por vezes contra a muralha de soldados. E cada choque contra esse muro sonoro e escarnecedor me trazia vergonha. Vi e tive de enfrentar a imagem que fiz de mim mesmo naquele dia: a de um menino com pretensões maiores do que poderia alcançar. Choque atrás de choque, meu escudo foi deformado em incontáveis formatos. Meu corpo estava moído com os tombos e os golpes. Minhas pernas tremiam, mas meu orgulho obrigava-me a me colocar em pé para receber novos e titânicos golpes. Meu braço não podia mais aguentar nenhuma defesa e minha alma estava destruída com a risada dos soldados. O bispo jogou sua espada de lado e passou a golpear-me com os braços, dizendo que se eu fosse um cavaleiro, ou pretendesse sê-lo, teria de aguentar duros golpes durante longas e intermináveis horas. Apanhei tanto que me pus doente. Perdendo os sentidos, fui acordar no hospital do monastério[3].

Nessa cena, o adolescente Robert sofre uma humilhação física e moral, que se torna mais grave ainda, em função da cena anterior, em que ele se mostra enamorado da jovem Richardis:

Após o banquete, despedimo-nos da superiora Jutta, e meus olhares foram todos para Richardis. Foram olhares que prometiam coisas secretas, em dias secretos, em um futuro secreto. O enamoramento de almas me pareceu mais verdadeiro do que qualquer encanto físico[4].

Muitos capítulos depois, quando Robert já era adulto e cavaleiro templário com longa experiência em batalhas, há um reencontro, em que descobre que seu antigo agres-

---

3. Orlando Paes Filho, *Diário de um Cavaleiro Templário*, p. 55.
4. *Idem*, p. 54.

sor, Lord Henry, bispo de Mainz, além de arrogante, era um religioso corrupto. O reencontro se dá no jardim do lado de fora de uma capela, dentro dos muros de um castelo em Bizâncio:

> O bispo tornou a olhar em fogo para mim. O mesmo olhar e a mesma brasa de vinte anos atrás. Agarrou-me pelo manto e jogou-me contra a parede da capela.
> – Acha que se tornou cavaleiro e homem suficiente para me desafiar?
> Senti o baque do meu corpo na parede como se tivesse levado um coice de cavalo. Os anos não lhe levaram o vigor e a força que eu conhecera no passado. O bispo avançou em minha direção. Seu porte nada perdera do aspecto intimidador. À minha memória voltaram as imagens do jovem gigante, de barbas e cabelos dourados, vestido de príncipe da Igreja. A única diferença é que tinha adquirido mais porte e alguns fios brancos nos cabelos e barba.
> Aparei o que seria um soco direto em meu peito. Outro coice. O bispo estranhou o fato de eu conseguir segurar o golpe, e vi surpresa em seus olhos. Empurrei-o. Senti que minha força era significativa para o gigante que enfrentava. Ele avançou e eu o empurrei novamente.
> A fúria parecia encantar o ar. Vi o jardim interno do palácio a nos convidar. Não havia quase ninguém àquela hora da manhã. Poucos guardas bizantinos estavam distantes, guardando o portão da entrada do palácio.
> O bispo sacou sua espada e eu, a minha.
> Trocamos golpes titânicos, lâmina contra lâmina. Não nos importávamos com o som que logo despertaria muitos dos nossos, nem com a vergonha daquela contenda. Jogamos aço contra aço. Braço contra braço. O clangor das armas aumentou em ritmo sincopado. Bati minha lâmina contra a dele de forma a demonstrar ao bispo sua ineficiência, sua falta de experiência no campo de batalha.
> No simples duelo em seu país, e contra gente que não participava de guerras, ele era soberano. Mas, contra um cavaleiro da Ordem do Templo, a coisa era bem diferente. Bati com minha lâmina de forma a desequilibrar o punho de sua espada. Mesmo assim, ele não largava

a arma, o que me surpreendeu. Tornei a atacar várias vezes e vi a penosa defesa dos músculos do me opositor. A falta de treinamento em combate cobrava alto preço dos músculos de um guerreiro. É quando alguém se cansa, quando se esgota, que se torna mais vulnerável e perde até perante uma leve cimitarra. Bati, bati, bati. E o bispo se desequilibrou e foi ao chão. Disse que se levantasse. Seu ódio misturava-se ao seu orgulho, e o homem lançou-se de pé, atacando-me. Deixei seu corpo passar e bati com a lâmina na espinha do bispo. Não com a parte cortante, é claro, pois não cabia a mim assassinar um príncipe de Igreja, mesmo que este fosse um verme como Henry. Mas causar-lhe dor me dava grande prazer.

Ambas as cenas, especialmente a da vingança, costumam "dar bastante ibope" entre os leitores. Estudos em neurociência descobriram que a experiência da vingança é tão prazerosa quanto ganhar na loteria, estar apaixonado ou fazer sexo. Até mesmo na Bíblia, em um salmo em que se pede proteção divina, a vingança aparece como complemento dessa proteção:

SALMO 70
PETIÇÃO DE SOCORRO SOLÍCITO
Ao mestre de canto. De Davi. Para memória.

Comprazei-vos, Senhor, em livrar-me;
    apressai-vos, Senhor, em socorrer-me.
Sejam confundidos e cobertos de vergonha
    os que procuram tirar-me a vida;
recuem cobertos de opróbrio
    os que se comprazem na minha ruína.
Voltem atrás, para sua vergonha,
    os que desejam a minha ruína.
Exultem, porém, e alegrem-se em vós,
    todos os que vos procuram;
e os que desejam a vossa salvação

digam sempre: "Grande é o Senhor".
Eu, porém, sou mísero e necessitado;
socorrei-me, ó Deus.
Minha ajuda e meu salvador sois vós;
não tardeis, Senhor!

Como se vê, o pedido de socorro e proteção não é suficiente. É preciso que os adversários "sejam confundidos, cobertos de vergonha, recuem cobertos de opróbrio e que voltem atrás para sua vergonha".

Concluindo, é importante emocionar o leitor sempre que surja uma boa oportunidade. O suspense sobre o que vai acontecer na resolução de um *plot*, acrescido de cenas que transmitam emoção, é a receita certa para o sucesso de uma obra de ficção.

A solução do conflito deve conter três elementos: crise, clímax e consequências. A crise é o ponto máximo de tensão do conflito, o clímax é o ponto de rompimento e as consequências, o final formal da narrativa. Sempre que possível, a solução do conflito deve ser inesperada. Segundo o Gotham Writers's Workshop Faculty,

[...] costuma-se dizer que um final deveria ser sentido como inevitável, mas inesperado, de modo que, olhando para trás, seja o único final que realmente poderia fazer sentido, mas, ainda assim, seja visto como impressionante e surpreendente quando acontece. Pense em um bom mistério de assassinato. No final, nós chegamos à conclusão de que todas as pistas estavam lá, mas simplesmente não tínhamos conseguido colocá-las juntas, em ordem. Agora que sabemos o que sabemos, em outras palavras, parece óbvio[5].

5. Gotham Writers's Workshop Faculty, *Writing Fiction*, p. 68. (A tradução é minha.)

Segundo Lewis Harman, citado por Doc Comparato[6], são as seguintes as formas mais comuns de *plot*;

1. *Plot de amor*: um par que se ama e se separa com final feliz ou infeliz.
2. *Plot de êxito*: história de alguém que procura subir na vida, conquistar uma posição social, ficar rico.
3. *Plot de gata borralheira*: história de um personagem humilde que se transforma em ilustre.
4. *Plot do triângulo*: envolve um casal e uma terceira pessoa que, geralmente, mas não sempre, é o antagonista.
5. *Plot do regresso*: inspira-se na parábola do filho pródigo. Trata da volta de alguém, como um marido que retorna da guerra.
6. *Plot da vingança*: uma injustiça é cometida e o herói procura fazer justiça pelas próprias mãos ou entregar o bandido à justiça.
7. *Plot da conversão*: um mau sujeito se torna um herói, uma sociedade injusta se torna justa etc.
8. *Plot do sacrifício*: o herói se sacrifica por alguém, pelo seu país ou por uma causa.
9. *Plot de família*: trata da relação entre famílias ou grupos relacionados entre si por algum motivo: exército, universidade, trabalho etc.

---

6. Doc Comparato, *Da Criação ao Roteiro*, pp. 183-185.

7

Plots Secundários ou *Subplots*

Se você quer escrever um conto, apenas um *plot* pode ser suficiente, uma vez que esse tipo de gênero normalmente se resume a uma única célula dramática. Mas, escrevendo uma narrativa de maior fôlego, como um romance, há necessidade de mais *plots*. O principal recebe o nome de *plot* central. Sua situação e complicação acontecem no início da narrativa e a solução, no final. Entre a complicação e a solução final, aparecem os *plots* secundários ou *subplots*. A existência deles garante uma dinâmica maior ao texto pela ocorrência de numerosos outros clímax, além do clímax do *plot* principal. Sua configuração pode ser representada dentro do esquema a seguir:

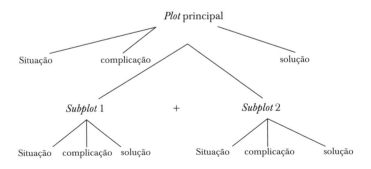

Dentro dessa configuração, os *subplots* sucedem-se, linearmente, entre a complicação do *plot* principal e sua solução. Você pode, também, criar *subplots* dentro de *subplots* como no esquema:

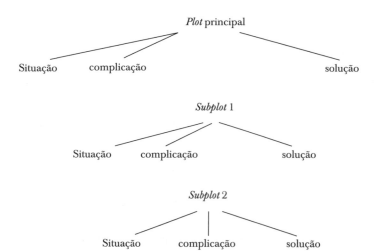

Os *subplots* podem ser criados vinculados diretamente ao conflito principal, vivido pelo protagonista, como no seguinte trecho do capítulo intitulado "Dez Libras Esterlinas" de *Dom Casmurro*[1]:

– Mas que libras são essas? perguntei-lhe no fim.
Capitu fitou-me rindo, e replicou que a culpa de romper o segredo era minha. Ergueu-se, foi ao quarto e voltou com dez libras esterlinas, na mão; eram as sobras do dinheiro que eu lhe dava mensalmente para as despesas.
– Tudo isto?

---

1. Joaquim Maria Machado de Assis, *Dom Casmurro*, p. 912.

– Não é muito, dez libras só; é o que a avarenta de sua mulher pôde arranjar, em alguns meses, concluiu fazendo tinir o ouro na mão.
– Quem foi o corretor?
– O seu amigo Escobar.
– Como é que ele não me disse nada?
– Foi hoje mesmo.
– Ele esteve cá?
– Pouco antes de você chegar; eu não disse para que você não desconfiasse.
Tive vontade de gastar o dobro do ouro em algum presente comemorativo, mas Capitu deteve-me.

A situação é a descoberta das dez libras esterlinas nas mãos de Capitu. A complicação consiste em saber como teria ela conseguido aquela soma e quem a teria ajudado a converter a moeda brasileira em inglesa. A solução é que ela tinha conseguido o dinheiro fazendo economias e que Escobar é que tinha feito a conversão em libras.

Esse *subplot* está, inegavelmente, ligado ao conflito central da segunda parte do romance, ou seja, o ciúme. Afinal, mais uma vez Escobar estava por trás de alguma coisa não sabida por Bentinho ligada à sua mulher e mais: Escobar tinha feito uma visita secreta a Capitu, dentro de sua própria casa.

Muitos *subplots* podem também ser criados com uma ligação fraca com o conflito principal, mas servindo, apesar disso, para manter o suspense da narrativa. Um exemplo dessa opção é o livro *Agosto*, de Rubem Fonseca[2], cujo *plot* central é bastante conhecido. A situação do conflito é o recrudescimento da crise do governo de Getúlio Vargas no

2. Rubem Fonseca, *Agosto*.

mês de agosto de 1954. A complicação é um crime cometido a mando de Gregório Fortunato, chefe da segurança pessoal do presidente, em que, em vez de ser assassinado o jornalista Carlos Lacerda – que denunciava ferozmente o governo – acabou sendo vitimado o Major-aviador Rubem Florentino Vaz. A solução foi o suicídio de Vargas na manhã do dia 24 desse mesmo mês. Para manter o suspense e o interesse do leitor, Fonseca usa como *plot* secundário a história de um comissário de polícia bastante honesto, chamado Mattos, que tenta desvendar o assassinato de um empresário corrupto. A narrativa dessa investigação, entremeada com mais dois *plots* envolvendo outro empresário, um senador da república, várias amantes e pistoleiros, mantém vivo o clima do romance até o seu final.

Até mesmo as histórias em quadrinhos utilizam encadeamento de *plots*, principalmente quando publicadas seriadamente em jornais ou revistas. Um exemplo são as *Aventuras de Tintin* escritas pelo belga Hergé. No final de cada tira, Tintin ou um de seus companheiros se metia em uma enrascada que seria resolvida apenas no jornal do dia seguinte, no início de uma nova tira da história.

A ordenação dos *plots*, contudo, não é uma camisa de força. Você pode iniciar a ação do *plot* principal já dentro da complicação e, mais à frente, narrar a situação que lhe deu origem. Isso se chama ação *in medias res*, ou "no meio das coisas".

Um exemplo clássico de ação *in medias res* encontramos na construção da narrativa de *Os Lusíadas*, poema épico de Camões que narra a viagem de Vasco da Gama às Índias. No primeiro canto do poema, a viagem de Vasco da Gama já está em curso, como podemos ver a seguir:

(Canto I, 19)

Já no largo Oceano navegavam,
As inquietas ondas apartando;
Os ventos brandamente respiravam,
Das naus as velas côncavas inchando;
Da branca escuma os mares se mostravam
Cobertos, onde as proas vão cortando
As marítimas águas consagradas,
Que do gado de Próteo são cortadas

(Canto I, 20)

Quando os Deuses no Olimpo luminoso,
Onde o governo está da humana gente,
Se ajuntam em concílio glorioso
Sobre as cousas futuras do Oriente.

O início da viagem aparece apenas na estrofe 87 do Canto IV:

(Canto IV, 87)

Partimo-nos assim do santo templo
Que nas praias do mar está assentado,
Que o nome tem da terra, para exemplo,
Donde Deus foi em carne ao mundo dado.
Certifico-te, ó Rei, que se contemplo
Como fui destas praias apartado,
Cheio dentro de dúvida e receio,
Que apenas nos meus olhos ponho o freio.

Essa estrofe faz referência à partida das naus de Vasco da Gama do Templo de Belém ("santo templo [...] que o nome tem da terra, para exemplo, / Donde Deus foi em carne ao mundo dado") que se situa na foz do rio Tejo, em Lisboa, de onde costumavam partir os navegadores portugueses para suas viagens, na época das Grandes Descobertas.

8

PONTOS DE VISTA NARRATIVOS

Imagine que você foi visitar o Salão do Automóvel em São Paulo e está tentando ver aquela maravilhosa Mercedes conversível que está a alguns metros de um cordão de isolamento perto do qual você conseguiu chegar conquistando espaço com os cotovelos entre uma multidão de curiosos. Ao lado do automóvel, está uma belíssima modelo, mas, que diabos!... ela está escondendo os detalhes da lanterna traseira!

Imagine agora que você, uma semana depois, passou por uma concessionária Mercedes e consegue ver o mesmo carro, aproximar-se dele, entrar, observar os comandos, mexer neles à vontade. Eis aí uma diferença de ponto de vista. A distância, a escolha de quem vê a história que você vai contar mudam a maneira como os leitores serão afetados emocionalmente com relação aos personagens e às suas ações, pois as coisas parecem diferentes dependendo também de quem as vê. Um jovem de 27 anos pode emocionar-se diante do carro esporte; uma senhora idosa de setenta anos pode simplesmente achá-lo exagerado e desconfortável. Veja o depoimento que inicia o mais famoso romance do escritor finlandês Mika Waltari, intitulado *O Egípcio*, em que é posta em foco a visão de mundo do protagonista, um septuagenário desiludido da vida:

Eu Sinuhe, filho de Senmut e de sua mulher Kipa, escrevo isto. Não o escrevo para a glória do deus na terra de Kem, porque eu estou cansado dos deuses, nem para a glória dos faraós, porque eu estou cansado dos seus feitos. Não escrevo por medo nem por qualquer esperança no futuro, mas para mim mesmo. Durante minha vida, eu vi, conheci e perdi muito para ser influenciado por medos infundados e, quanto à esperança de imortalidade, estou tão cansado dela como dos deuses e dos reis. Escrevo isso para mim próprio, apenas, e aqui eu me vejo diferente de todos os outros escritores passados e futuros[1].

PONTO DE VISTA DE PRIMEIRA PESSOA

No ponto de vista de primeira pessoa (PV1), o protagonista narra a sua própria história. Pode narrá-la para o leitor, para um psicanalista, para Deus ou para qualquer outra pessoa real ou imaginária. No *Dom Casmurro*, Bentinho narra a sua história ao leitor. No *Werther*, de Goethe, Werther narra suas desventuras amorosas a um amigo, Wilhelm, por meio de cartas. Algumas vezes, a narração é feita por um personagem secundário, como nos livros de Conan Doyle sobre o famoso detetive britânico Sherlock Holmes. Quem narra as histórias é um amigo do detetive, o médico Dr. Watson.

A narração em primeira pessoa, embora dê mais veracidade à história, uma vez que permite uma intimidade maior com o leitor e até mesmo um certo tom de confidência, tem como característica o fato de que tudo é visto apenas a partir do olhar de um personagem e de suas avaliações. Isso a torna menos confiável. Um dos argumentos favoritos dos que acham que Capitu não traiu Bentinho, no *Dom Casmurro*, é que Bentinho é narrador em primeira pessoa,

---

1. Mika Waltari, *The Egyptian*, p. 3. (A tradução é minha.)

portanto, um eu-lírico comprometido com seus sentimentos de ciúme e sua imaginação sem limites.

Ponto de Vista de Terceira Pessoa Onisciente

Nesse tipo de ponto de vista (PVO), o autor do texto é uma espécie de Deus que tudo vê e tudo sabe. Narra eventos de seus personagens, penetra em suas mentes, é capaz de detectar intenções. Pode também interpretar e julgar ações, tirando conclusões. Uma vantagem importante é que ele pode penetrar nos pensamentos de personagens de inteligência limitada e descrevê-los de maneira clara. Fazer isso em primeira pessoa ficaria bastante artificial.

Utilizando o ponto de vista onisciente, o autor de uma narrativa tem o poder de criar suspense, passando ao leitor informações que não são de conhecimento das personagens. Truman Capote faz isso em seu famoso romance *A Sangue Frio*. Quando descreve, no início do romance, os membros da próspera família Clutter, moradores da pequena cidade de Holcomb, situada no oeste do Estado do Kansas, palco da sua história, o autor acrescenta, em PVO, informações sobre eles, obviamente desconhecidas deles próprios. Vejamos alguns exemplos.

O Sr. Clutter está passeando perto de casa, ao longo do rio que passa por suas terras, em um domingo de sol, quando vê um grupo de caçadores de faisão, que, todo mês de novembro, apareciam naquela região. Narrando o encontro entre o Sr. Clutter e eles, em PVO, diz Capote o seguinte:

Habitualmente os caçadores não convidados pagam ao proprietário das terras para perseguir as presas, mas, quando os forasteiros lhe propuseram o pagamento, o Sr. Clutter achou graça.

– Não sou tão pobre quanto pareço. Podem caçar quanto quiserem.

E tocando a aba do boné, dirigiu-se para casa e para as tarefas do dia, sem saber que este seria o seu último[2].

A última frase cria no leitor o suspense de não saber como irá morrer o Sr. Clutter. Vejamos mais dois episódios narrativos em que Capote emprega o mesmo recurso:

– Wilma, ouvi vocês. Vocês todos. Rindo. Se divertindo. Ando perdendo tudo. Os melhores anos, as crianças; tudo. Daqui a pouco o Kenyon vai estar crescido – um homem. Como é que vai se lembrar de mim? Como uma espécie de fantasma, Wilma!

Era o seu último dia de vida. A Sra. Clutter pendurou no armário o vestido caseiro de chita que estava usando, vestiu uma de suas longas camisolas e um par de meias limpas[3].

Nancy era invariavelmente a última da família a se deitar. Tal como certa vez informara à sua amiga, a professora de economia doméstica, a Sra. Polly Stinger, as horas próximas à meia-noite eram o seu "tempo de ser egoísta e vaidosa". Era quando passava por sua rotina de beleza, um ritual de limpezas e cremes, que, nas noites de sábado, incluía o lavar os cabelos. Nesta noite, tendo secado, escovado e prendido os cabelos, separou as roupas que pretendia usar para ir à igreja na manhã seguinte: meias de náilon, sapatos pretos, um vestido de veludo vermelho – o mais bonito que possuía, feito por ela mesma. Com esse vestido, seria enterrada[4].

Algumas vezes, o autor em PVO pode criar uma narração em PV1, "dando a palavra" a um personagem, por meio

---

2. Truman Capote, *A Sangue Frio*, p. 18.
3. *Idem*, p. 37.
4. *Idem*, pp. 69-70.

do artifício do uso da memória. Vejamos um exemplo no mesmo romance de Capote, quando o autor conta a infância de um dos assassinos da família Clutter:

> Na verdade, durante três anos Perry fugira várias vezes, disposto a procurar o pai perdido, pois perdera a mãe também, aprendera a "desprezá-la". [...] "Consequentemente", recordava Perry, "eu pensava sempre em papai. Queria que ele viesse e me levasse embora. Lembro, como se fosse ontem, quando o vi de novo. Estava de pé no pátio da escola. Foi como a bola batendo em cheio no bastão de beisebol. Joe Di Maggio. Só que papai não vinha para me ajudar. Me abraçou, disse que eu fosse um bom menino e foi embora"[5].

A mudança de ponto de vista tem como efeito fazer o leitor sentir a emoção do abandono paterno, a partir da memória emocional do personagem Perry. Preste atenção como Capote trabalhou essa emoção, utilizando a comparação com a *performance* do famoso jogador de beisebol norte-americano Joe Di Maggio. Em um momento como esse, a narrativa em PVO teria um efeito bem menos impactante.

---

5. *Idem*, pp. 158-159.

9

DIÁLOGOS

Os diálogos podem ser diretos ou indiretos. O direto surge quando é dada a palavra a dois personagens em uma conversa. O indireto é o simples relato abreviado de uma fala, feito pelo narrador em situações de menor importância, para economizar o tempo do leitor e não aborrecê-lo, como neste trecho do romance *Agosto* de Rubem Fonseca:

> A única voz que se levantou em defesa do governo, recebida com fria hostilidade, foi a do coronel-aviador Hélio Costa. A morte do major Vaz, segundo o coronel, provocara manifestações espúrias; o major Vaz, quando fora morto, não desempenhava missão oficial, nem estava fardado; a afronta do assassino não fora dirigida contra a Força Aérea; aventureiros pretendiam conduzir as Forças Armadas à desordem e à indisciplina[1].

Fica claro que não era importante para a narrativa reproduzir em diálogo direto a conversa dos oficiais que discutiam a participação do governo de Getúlio na tentativa de assassinar o jornalista Carlos Lacerda.

O diálogo direto é o recurso ideal para mostrar como os personagens interagem. Por convenção, cada fala acontece

---

1. Rubem Fonseca, *Agosto*, p. 161.

em um parágrafo iniciado pelo símbolo –. Um diálogo bem-feito pode fazer o leitor sentir que os personagens ganham vida própria. Ao contrário do simples relato, o diálogo direto tem um efeito de realidade muito grande, pois acontece em tempo real, o que faz com que o leitor se sinta testemunha daquilo que está acontecendo. Por esse motivo, devem ser utilizados em momentos importantes da sua narrativa.

Em textos antigos (vamos pensar no Romantismo) os diálogos eram compostos por longos textos recitados pelos personagens como no trecho a seguir, extraído do romance *Iracema* de José de Alencar, no momento em que Martim é apresentado ao pajé da tribo:

> Quando o guerreiro terminou a refeição, o velho Pajé apagou o cachimbo e falou:
> – Vieste?
> – Vim; respondeu o desconhecido.
> – Bem-vindo sejas. O estrangeiro é senhor na cabana de Araquém. Os tabajaras têm mil guerreiros para defendê-lo, e mulheres sem conta para servi-lo. Dize, e todos te obedecerão.
> – Pajé, eu te agradeço o agasalho que me deste. Logo que o sol nascer, deixarei tua cabana e teus campos aonde vim perdido; mas não devo deixá-los sem dizer-te quem é o guerreiro, que fizeste amigo.
> – Foi a Tupã que o Pajé serviu: ele te trouxe, ele te levará. Araquém nada fez pelo seu hóspede; não pergunta donde vem e quando vai. Se queres dormir, desçam sobre ti os sonhos alegres; se queres falar, teu hóspede escuta[2].

Nos dias de hoje, seria impossível construir diálogos dessa maneira. Soaria falso, inverossímil. Num texto de ficção

---

2. José de Alencar, *Iracema*, p. 54.

atual, um diálogo tem de ser capaz de criar uma ilusão da realidade. Isso mesmo, ilusão da realidade! Apenas isso. Não pense você que um diálogo de ficção é um espelhamento de situações que de fato acontecem no mundo real. A título de experiência, veja um trecho transcrito, espelhando fielmente um diálogo de fato acontecido que tem como assunto a comparação entre a vida das crianças em cidades grandes e pequenas:

– Eu não sei que para falar do problema assim concreto material realmente não interessa muito sabe?
– Uhn
– Não:: não tem muito ressonância para mim... inclusive:::
– É porque senão seria o seguinte a cidade pequena não tem esses problemas ....não é::::? não dá para fazer analogia criança adulto...
– Como assim?...
– A criança tem uma psiquê o adulto tem outra psiquê num num num
– Uhn[3]

Bem, você já deve ter percebido que construir diálogos assim em um conto ou romance, com repetições de sons sem sentido e erros de concordância, seria um fracasso total. Veja um exemplo de um diálogo atual, obviamente trabalhado para "parecer real", extraído do livro *Diário de um Cavaleiro Templário*, no momento em que um grupo de cavaleiros comandados pelo mestre Everard decide aceitar a hospitalidade na fortaleza de Masyaf, propriedade do aloadin, líder da seita dos assassinos:

---

3. Dino Preti & Hudinilson Urbano, *A Linguagem Falada Culta na Cidade de São Paulo*, p. 75.

Quando já havíamos nos afastado o suficiente para não sermos ouvidos, o comandante Everard perguntou ao marechal:
– Pretende mesmo entrar na fortaleza?
– Recusar o oferecimento de partilhar o teto e a mesa seria uma provocação. Não temos outra escolha – respondeu-lhe Maurice.
– Contanto que possamos permanecer com as nossas armas – murmurou Everard ao meu lado.
– Eles não ousariam propor que fossem deixadas no acampamento – tranquilizou-nos o marechal[4].

Como você pode ver, durante esse diálogo aparecem verbos que introduzem as vozes dos interlocutores como "perguntar", "responder", "murmurar". O verbo mais comum que serve a esse ofício é "dizer". Às vezes, o autor do diálogo utiliza outros verbos, como "murmurar", no exemplo acima; para caracterizar uma maneira de falar. É preciso ter cuidado em fazer isso para evitar exageros. De qualquer maneira, não se preocupe em usar "dizer" repetidas vezes, pois esses verbos introdutores de fala ficam praticamente "invisíveis" na leitura.

Quando uma fala for um pouco mais longa, é interessante pôr o verbo introdutor no meio da fala, por uma questão de clareza, como neste outro trecho do mesmo livro, no momento em que os cavaleiros templários, tendo já entrado na fortaleza, recebem a oferta de mulheres:

– Espero que tenham ficado satisfeitos com as jovens que eu próprio escolhi para o deleite dos cavaleiros – disse o aloadin.

---

4. Orlando Paes Filho, *Diário de um Cavaleiro Templário*, pp. 126-127.

– Fazemos votos de não nos deitarmos mais com mulheres – informou-lhe o marechal, embora sabendo que ele estava perfeitamente a par desse aspecto da vida dos templários.
– É contra a natureza fazer um voto desses – *comentou ele*, acrescentando: – Concordo que há momentos na vida dos homens em que outros assuntos os afastam do prazer, mas votos que durem uma vida inteira deveriam ser simbólicos[5].

No último turno do diálogo, o verbo "comentar" ("comentou ele") insere-se no meio da fala. Se ficasse no fim, teríamos uma sequência pouco clara como em:

– É contra a natureza fazer um voto desses. Concordo que há momentos na vida dos homens em que outros assuntos os afastam do prazer, mas votos que durem uma vida inteira deveriam ser simbólicos. – *comentou ele*.

Quando estiver construindo um diálogo, não faça todo mundo falar da mesma maneira. Normalmente, o escritor iniciante costuma atribuir a todos os personagens sua própria voz, o que soa artificial. Veja que Machado de Assis, no *Dom Casmurro*, criou até mesmo um personagem atribuindo-lhe um modo de falar peculiar que consistia no uso de superlativos: "José Dias amava os superlativos. Era um modo de dar feição monumental às ideias; não as havendo, servia a prolongar as frases". Veja um exemplo de sua fala:

José Dias desculpava-se: "Se soubesse, não teria falado, mas falei pela veneração, pela estima, pelo afeto, para cumprir um dever amargo, um dever amaríssimo..."[6]

---

5. *Idem*, p. 133.
6. Joaquim Maria Machado de Assis, *Dom Casmurro*, p. 812.

Veja este outro diálogo de *Grande Sertão: Veredas*, entre o jagunço Zé Bebelo, preso e sendo julgado, e Hermógenes, outro jagunço, iniciando o processo de acusação:

– Acusação, que a gente acha, é que se devia de amarrar este cujo, feito porco. O sangrante... Ou então botar atravessado no chão, a gente todos passava a cavalo por riba dele – a ver se vida sobrava, para não sobrar!
– Quá?! – Zé Bebelo debicou, esticando pescoço e batendo com a cabeça para diante, diversas vezes, feito pica-pau em seu ofício em árvore. Mas o Hermógenes com aquilo não somou; foi pondo:
– Cachorro que é, bom para a forca. O tanto que ninguém não provocou, não era inimigo nosso, não se buliu com ele. Assaz que veio, por si, para matar, para arrasar, com sobejidão de cacundeiros. Dele é esse Norte? Veio a pago do Governo. Mais cachorro que os soldados mesmos... Merece ter vida não. Acuso é isto, acusação de morte. O diacho, cão![7]

Uma ideia interessante é fazer uma espécie de trabalho de campo, ouvindo a voz de diferentes pessoas, de idades diferentes, de diferentes classes sociais, anotando particularidades que possam ser utilizadas em futuros diálogos. Até mesmo um gravador pode ser utilizado para essa tarefa.

Construindo um diálogo, você pode também, "dirigi--lo", como se fosse um diretor de cinema ou TV, adicionando ação ao diálogo. Observe o seguinte trecho do livro *O Apanhador no Campo de Centeio* de J. D. Salinger, no momento em que Holden, o protagonista, e seu colega de quarto Ackley discutem o fato de Holden ter esquecido os equipamentos de esgrima no metrô:

---

7. João Guimarães Rosa, *Grande Sertão: Veredas*, p. 229.

– Como é que foi a competição de esgrima? – perguntou. Mas era só para me obrigar a parar de ler e deixar de me divertir. – Ganhamos, ou como é que foi?
– Ninguém ganhou – respondi. Mas sem olhar para ele.
– O quê?
Ele estava sempre obrigando a gente a dizer as coisas duas vezes.
– Isso mesmo. Ninguém ganhou.
Dei uma olhadela para ver o que é que ele estava fazendo na minha escrivaninha. Estava olhando o retrato de uma garota com quem eu costumava sair em Nova York, Sally Hayes. Ele já devia ter apanhado e olhado aquela droga daquele retrato umas cinco mil vezes desde o dia em que o recebi. Quando tinha se fartado de mexer numa coisa, punha sempre de volta no lugar errado. Fazia isso de propósito, evidentemente.
– *Ninguém* ganhou, não é? Como é que pode?
– Esqueci a droga dos floretes e do equipamento no metrô.
Continuava com a cara enfiada no livro.
– No *metrô*, essa é boa! Quer dizer que você perdeu tudo?
– Nós tomamos o trem errado e eu tinha que ficar me levantando para olhar a porcaria do mapa na parede.
Chegou para perto de onde eu estava e se postou bem em frente da luz. Aí eu disse: – Puxa, já li essa mesma frase umas vinte vezes desde que você chegou.
Qualquer um teria entendido a indireta, menos o Ackley. Menos ele.
– E você acha que vão te fazer pagar o equipamento? – perguntou.
– Sei lá, e estou pouco ligando. Que tal você se sentar ou coisa que o valha, hem, meu menino? Você está bem na frente da minha luz[8].

Perceba que, inserida dentro do diálogo, há uma série de ações e comentários do narrador em PV1. As ações que narram a bisbilhotice de Ackley na escrivaninha de Holden

---

8. J. D. Salinger, *O Apanhador no Campo de Centeio*, pp. 22-23.

e suas tentativas de obstruir a luz, impedindo-o de prosseguir a leitura, trazem uma dinâmica especial à conversa. Parece que estamos vendo os dois personagens em ação, em uma cena de teatro ou de um filme.

10

Revisão

Depois de ter escrito uma primeira versão da sua história, seja um conto ou um romance, é necessária uma boa revisão. Procure fazer isso, não no momento em que acabou de escrever, mas, pelo menos, no dia seguinte. Isso cria uma espécie de distanciamento entre você e o texto. Quando revemos imediatamente, lemos não o que de fato escrevemos, mas aquilo em que pensávamos enquanto escrevíamos.

Rever é também um ato criativo tão importante quanto escrever a primeira versão, embora mais racional do que emocional, provavelmente. Depois de pronta a primeira revisão, não destrua o texto original. Apenas crie um novo arquivo com um nome ou extensão diferente.

Acabo de falar em *primeira revisão*. Quantas serão necessárias? Geralmente, duas ou três. Algumas vezes, dez ou mais. Uma maneira mais fácil de rever é rever por tópicos. Você pode, primeiramente, trabalhar com os personagens. O protagonista tem realmente um bom propósito? Suas motivações são de fato importantes? Existe algum personagem que está sobrando e pode ser descartado? Você conseguiu equilibrar ação, fala, aparência e pensamento dos principais personagens? Pode, em seguida, trabalhar com o desenvolvimento da ação. Será que o *plot* principal está conseguindo prender a atenção do leitor? Isso continua acontecendo a partir da segunda metade da narração? Demora muito para acontecer algo importante? É possível cortar alguma coisa? O clímax é realmente empolgante? O final faz, de fato, sentido?

Quanto ao ponto de vista, você pode verificar se há algo inconsistente ou contraditório. Seria melhor substituir um ponto de vista de terceira pessoa por um de primeira pessoa, ou o contrário? Vá, em seguida, aos diálogos. São eles apropriados a cada situação, são verossímeis? Soam adequados aos personagens? Leia os diálogos em voz alta. Isso dará a você condições de um julgamento mais lúcido, uma vez que a palavra falada pode provocar sensações diferentes das provocadas pela palavra escrita. Aliás, procure ler o texto inteiro em voz alta. Você verá que algumas passagens exigem uma revisão importante que não seria feita se você se fiasse apenas na escrita.

Pense, depois, no cenário. Alguma coisa deve ser mudada? Será que aquela cena de furto no supermercado não ganharia mais *glamour* se acontecesse em uma loja de grife? Você explorou adequadamente o momento histórico em que localizou a sua narrativa?

Pense na linguagem, no estilo, na coesão do texto e na correção gramatical. Aplique o que você aprendeu na primeira parte deste livro, desde a primeira versão da sua história. Na revisão, você poderá optar por incrementar um processo de referenciação, trocar uma projeção metafórica por outra, metonímica, criar uma parábola na preparação de um cenário, e assim por diante. Você deverá pensar também na concisão. Haverá momentos em que o melhor será cortar, enxugar bastante para melhorar o texto.

Finalmente, veja se tem condições de conseguir a leitura crítica de alguém. Não há necessidade de que isso seja feito por um profissional. Afinal, qualquer leitor comum, um amigo ou amiga, por exemplo, poderá dizer se gostou ou não do que você escreveu e por que gostou ou não gostou. Use esses indicadores para uma última revisão.

Epílogo

O QUE É UM ESCRITOR?

Certa vez, em uma entrevista na TV, perguntado sobre o que é um escritor, o autor angolano José Eduardo Agualusa disse que "um escritor é aquele que vive dos seus escritos". Respeito a sua opinião, mas acho que ele não foi muito feliz nessa resposta, uma vez que poucos escritores, sobretudo no Brasil, conseguem viver de seus escritos. Levando essa afirmação às últimas consequências, poderíamos inferir que Paulo Coelho é um escritor bem-sucedido, mas que Clarice Lispector e Guimarães Rosa não o foram, pois nunca conseguiram viver daquilo que escreviam. Vinicius de Moraes, comentando algo parecido a respeito de artistas e poetas, disse:

> Modigliani – que se fosse vivo seria multimilionário como Picasso – podia, na época em que morria de fome, trocar uma tela por um prato de comida: muitos artistas plásticos o fizeram antes e depois dele. Mas eu acho difícil que um poeta possa jamais conseguir o seu filé em troca de um soneto ou uma balada[1].

Dando outra roupagem à questão, geralmente quando se fala em escritor, pensa-se em alguém que escreve ficção, independente do fato de ser ou não capaz de sobreviver com o produto do seu trabalho. Eis aí o foco. Um escritor é

---

1. Vinicius de Moraes, *Para Viver um Grande Amor*, p. 103.

um contador de histórias imaginárias, mesmo que tenham, às vezes, raízes em fatos reais. E quando consegue fazê-lo com graça, emoção e beleza, torna-se um artista que pinta com palavras. A arte é a linguagem dos sentimentos. É preciso muita sensibilidade para escolher e encadear palavras. Como diz Amós Oz:

> Continuo amando as palavras: gosto de colecionar palavras, organizar, embaralhar, inverter, combinar palavras. Mais ou menos como os que amam o dinheiro fazem com as notas e moedas, e os que gostam de jogar cartas fazem com as cartas[2].

É preciso, também, saber encantar o leitor, criando imagens, assumindo diferentes pontos de vista, como um fotógrafo que, mesmo diante de uma cena comum, consegue posicionar sua câmara em um ângulo peculiar e obter uma imagem original. Veja a bela cena que o próprio Amós Oz conseguiu capturar com sua câmera verbal, visando caracterizar a condição humana:

> Nenhum homem é uma ilha, disse John Donne, nesta frase maravilhosa, mas eu humildemente ouso acrescentar isto: nenhum homem e nenhuma mulher é uma ilha, mas cada um de nós é uma península, metade ligado à terra firme, metade contemplando o oceano. Uma metade conectada à família, aos amigos, à cultura, à tradição, ao país, à nação, ao sexo, à linguagem e a muitos outros laços. A outra metade quer que a deixem só contemplando o oceano. E acho que deveria ser permitido que continuássemos sendo penínsulas[3].

Finalizando, gostaria de dizer que há dois mundos completamente distintos: o mundo das ideias e o mundo da

---

2. Amós Oz, *Contra o Fanatismo*, p. 21.
3. *Idem*, pp. 39-40.

imaginação. Fernando Pessoa apontou as diferenças entre esses dois mundos ao escrever:

> Não basta abrir a janela
> Para ver os campos e o rio.
> Não é bastante não ser cego
> Para ver as árvores e as flores.
> É preciso também não ter filosofia nenhuma.
> Com filosofia não há árvores: há ideias apenas.
> Há só cada um de nós, como uma cave[4].
> Há só uma janela fechada, e todo o mundo lá fora;
> E um sonho do que se poderia ver se a janela se abrisse,
> Que nunca é o que se vê quando se abre a janela[5].

Virgílio, o maior dos poetas romanos, recomendava que tivéssemos muito cuidado com a literatura, pois, ao colocarmos um pé no mundo da imaginação, toda a realidade começa a se desvanecer.

Escrever é uma "perigosa aventura"... Todo escritor é uma espécie de navegador solitário. Muitas vezes, ao singrar por mares traiçoeiros em noites escuras e tempestuosas, sente-se desconectado do mundo real, desamparado, vulnerável, sem saber exatamente que rumo seguir.

Este livro tem a pretensiosa missão de tornar-se um farol para ajudá-lo nessa difícil travessia, um pequeno facho intermitente de luz pulsando silencioso no horizonte, firme e cadenciado, como um coração amigo.

---

4. Porão, adega.
5. Fernando Pessoa, *Obra Poética*, p. 231.

REFERÊNCIAS BIBLIOGRÁFICAS

ABREU, Márcia. *Cultura Letrada: Literatura e Leitura*. São Paulo, Unesp, 2006.

ALENCAR, José de. *Iracema*. Edição do centenário. Rio de Janeiro, José Olympio, 1965.

ALVES, Rubem. *O Retorno e Terno*, 12ª ed. Campinas, Papirus, 1992.

ANDRADE, Carlos Drummond de. *Antologia Poética*, 36ª ed. Rio de Janeiro, Record, 1997.

ASSIS, Joaquim Maria Machado de. *Crônicas. Obra Completa*, vol. III. Rio de Janeiro, Nova Aguilar, 1997.

_____. *Dom Casmurro. Obra Completa*, vol. I. Rio de Janeiro, Nova Aguilar, 1997.

BLUTEAU, Raphael. *Vocabulario Portuguez e Latino*: aulico, anatomico, architectonico, bellico, botanico etc. Coimbra, Collegio das Artes da Companhia de JESU, 1712.

BRAGA, Rubem. *Ai de Ti Copacabana*, 15ª ed. Rio de Janeiro, Record, 1997.

CAMPBELL, Joseph. *O Poder do Mito*, 17ª ed. São Paulo, Palas Athena, 1999.

CAPOTE, Truman. *A Sangue Frio: O Relato Fiel de um Assassinato Múltiplo e suas Complicações*. São Paulo, Abril, 1980.

CAPRA, Fritjof. *O Ponto de Mutação*. São Paulo, Cultrix, 1982.

CARVALHO, José Cândido de. *O Coronel e o Lobisomem*, 8ª ed. São Paulo, José Olympio, s.d.

COMPARATO, Doc. *Da Criação ao Roteiro*. Edição rev. e atualizada. Rio de Janeiro, Rocco, 1995.

DAMÁSIO, António. *O Erro de Descartes: Emoção, Razão e o Cérebro Huma-

no. Trad. Dora Vicente e Georgina Segurado. São Paulo, Companhia das Letras, 1996.
EGRI, Lajos. *The Art of Creative Writing.* New York, Kensington Publishing Corp., 1995.
ESOPO. *Fábulas.* Trad. Pietro Nassetti. São Paulo, Martin Claret, 2006.
FONSECA, Rubem. *Agosto,* 2ª ed. São Paulo, Companhia das Letras, 1990.
GIANNETTI, Eduardo. *Autoengano.* São Paulo, Companhia das Letras, 1997.
_____. *O Valor do Amanhã.* São Paulo, Companhia das Letras, 2005.
GLEISER, Marcelo. *A Harmonia do Mundo.* São Paulo, Companhia das Letras, 2006.
GOETHE, Johann Wolfgang von. *Werther.* Trad. Galeão Coutinho. São Paulo, Abril, 1983.
GOTHAM WRITERS'S WORKSHOP FACULTY. *Writing Fiction: the Practical Guide from New York's Acclaimed Creative Writing School.* New York, Bloomsbury, 2003.
HOMERO. *Ilíada.* Trad. da versão francesa de Cascais Franco. Lisboa, Europa-América, 1999.
KOCH, Ingedore Villaça & MORATO, Edwiges Maria *et al. Referenciação e Discurso.* São Paulo, Contexto, 2005.
JABOR, Arnaldo. *Pornopolítica: Paixões e Taras na Vida Brasileira.* Rio de Janeiro, Objetiva, 2006.
LAKOFF, George & JOHNSON, Mark. *Metaphors We Live By.* Chicago, The University of Chicago Press, 1980.
MACGILCHRIST, Iain. *The Master and his Emissary: The Divided Brain and the Making of the Western World.* New expanded edition. London, Yale University Press, 2019.
MANN, Thomas. *A Montanha Mágica,* 2ª ed. Trad. Herbert Caro. Rio de Janeiro, Nova Fronteira, 2000.
MELO NETO, João Cabral de. *A Educação pela Pedra.* Rio de Janeiro, Nova Fronteira, 1996.
MORAES, Vinicius de. *Para Viver um Grande Amor,* 13ª ed. Rio de Janeiro, José Olympio, 1979.
NABUCO, Joaquim. *Minha Formação.* Rio de Janeiro, Topbooks, 1999.

NUNES, José Joaquim. *Crestomatia Arcaica: Excertos da Literatura Portuguesa desde o que Mais Antigo se Conhece até ao Século XVI*. 5ª ed. Lisboa, Livraria Clássica Editora, 1959.

OZ, Amós. *Contra o Fanatismo*, 3ª ed. Trad. Denise Cabral. Rio de Janeiro, Ediouro, 2004.

PAES FILHO, Orlando. *Diário de um Cavaleiro Templário*. Rio de Janeiro, Record, 2006.

PESSOA, Fernando. *Obra Poética*. Rio de Janeiro, Aguilar, 1969.

_____. *Livro do Desassossego*, vol. I. (Vicente Guedes & Bernardo Soares). Lisboa, Presença, 1990.

PLATÃO. *Diálogos*. Coleção Os Pensadores. São Paulo, Nova Cultural, 1996.

_____. *A República*. Trad. Pietro Nassetti. São Paulo, Martin Claret, 2006.

PRETI, Dino & URBANO, Hudinilson (orgs.). *A Linguagem Falada Culta na Cidade de São Paulo*, vol. IV. São Paulo, Fapesp, 1990.

QUINTANA, Mário. *A Vaca e o Hypogrifo*. São Paulo, Globo, 2006.

RODRIGUES, Nelson. *A Cabra Vadia: Novas Confissões*. Sel. Ruy Castro. São Paulo, Companhia das Letras, 1995.

ROSA, João Guimarães. *Grande Sertão: Veredas*. Rio de Janeiro, Nova Fronteira, 1988.

SALINGER, J. D. *O Apanhador no Campo de Centeio*, 12ª ed. Trads. Álvaro Alencar, Antônio Rocha e Jório Dauster. Rio de Janeiro, Editora do Autor, s.d.

SAINT-EXUPÉRY, Antoine. *Terra dos Homens*, 7ª ed. Trad. Rubem Braga. Rio de Janeiro, José Olympio, 1964.

_____. *O Pequeno Príncipe*, 12ª ed. Trad. Dom Marcos Barbosa. Rio de Janeiro, Agir, 1966.

SARAMAGO, José. *Ensaio sobre a Cegueira*. São Paulo, Companhia das Letras, 1995.

SHAKESPEARE, William. *Hamlet*. Trad. José Roberto O'Shea. In: BLOOM, Harold. *Hamlet: Poema Ilimitado*. Rio de Janeiro, Objetiva, 2004.

TURNER, Mark. *The Literary Mind: the Origins of Though and Language*. Oxford, Oxford University Press, 1996.

WALTARI, Mika. *The Egyptian*. Chicago, Chicago Review Press, 2002 [1945].

Título	*O Design da Escrita: Redigindo com Criatividade e Beleza, Inclusive Ficção*
Autor	Antônio Suárez Abreu
Produção editorial	Carolina Bednarek Sobral
Capa	Tomás Martins
Revisão	Aristóteles Angheben Predebon
Editoração eletrônica	Carlos Gustavo Araújo do Carmo
Formato	13,5 x 21 cm
Tipologia	Berthold Baskerville
Papel	Cartão Supremo 250 g/m² (capa) Chambril Avena 80 g/m² (miolo)
Número de páginas	160
Impressão e acabamento	Bartira Gráfica